Callcenter –
Moderne Sklaverei

Ursula Thiel-Gärtner

Callcenter –

Moderne Sklaverei

Bibliografische Information der Deutschen Nationalbibliothek:
Die Deutsche Nationalbibliothek verzeichnet diese Publikation
in der Deutschen Nationalbibliografie;
detaillierte bibliografische Daten sind im Internet über
http://dnb.d-nb.de abrufbar.

© 2013 Ursula Thiel-Gärtner

Satz, Umschlaggestaltung, Herstellung und Verlag:
BoD – Books on Demand

ISBN: 978-3-7322-1421-1

Vorwort

Liebe Leserinnen und Leser,

ich habe dieses Buch geschrieben, um auf die unmenschlichen Arbeitsbedingungen, die ich in Callcentern erlebt habe, aufmerksam zu machen.

Vor meiner Tätigkeit als Callcenteragent habe ich über zwanzig Jahre in einer Bank gearbeitet und bin dann mit fast achtunddreißig Jahren zum ersten Mal Mutter geworden.
   Leider wurde mein Arbeitsplatz während der dreijährigen Babypause wegrationalisiert. Von einer Freundin erfuhr ich, dass eine Baustoffhandlung eine Bürofachkraft sucht. Ich bewarb mich und bekam die Stelle. Nachdem der Inhaber nach ein paar Jahren die Firma verkaufte, meldete der Nachfolger innerhalb eines Jahres Konkurs an. Die Arbeitsplatzsituation war in dieser Zeit sehr angespannt. Um als alleinerziehende Mutter nicht arbeitslos zu sein, habe ich kurzfristig in einem Callcenter angefangen.

Nach ca. zehn Jahren Erfahrung in sechs verschiedenen Callcentern habe ich jetzt das Bedürfnis, meine Erlebnisse in einem Buch niederzuschreiben.
   Alle Schilderungen entsprechen den Tatsachen, auch wenn man das manchmal kaum glauben kann.

Alle Namen von Kolleginnen und Kollegen sowie Chefs und Agenturen habe ich geändert.
Der Job war für mich von Anfang an belastend und hat sich im Laufe der Zeit gesundheitlich negativ ausgewirkt.

In meinem letzten Callcenter litt ich häufig unter Kreislaufproblemen, die ich nur mit Medikamenten überstand; von den jahrelangen Schlafproblemen ganz zu schweigen.

Callcenter –

Moderne Sklaverei

Täglich durchforstete ich in der Tageszeitung den Stellenmarkt und wurde dann kurzfristig fündig.

In großer Aufmachung stand geschrieben:

> **Telefonistin gesucht**

Ich rief dort an und wurde prompt zu einem Vorstellungsgespräch eingeladen.

Auf meine Frage, um welche Tätigkeit es sich handele, sagte mir die Dame lapidar, am Telefon gebe sie keine Auskunft, und alles Weitere könne ich dann in einem persönlichen Gespräch erfahren. Wir einigten uns auf einen Termin am kommenden Donnerstag.

In den nächsten Tagen versuchte ich mir auszumalen, welche Aufgaben mich erwarten.

Am Donnerstag fuhr ich dann voller Erwartung und Neugierde zum Vorstellungsgespräch. Auf mein Läuten hin öffnete eine Frau mit ihrem Handy in der Hand. „Hallo! Sie kommen wohl zum Vorstellungsgespräch!", sagte sie und ließ mich erst einmal stehen, um ihre SMS zu lesen. Nanu, dachte ich, wo bin ich denn hier gelandet?

„Sorry", meinte sie etwas verlegen, dies sei wichtig gewesen. Sie führte mich herein und stellte mich der Chefin vom Callcenter, Frau Ellermann, vor.

Deren Äußeres hatte etwas Unseriöses: rotes lockiges Haar, Minirock, für den sie längst nicht mehr die Figur hatte, und Highheels. Oh, dachte ich, klamottentechnisch wäre da wohl Nachbesserung nötig. Hatte denn die gute Frau keinen Spiegel zu Hause? „Seien Sie gegrüßt", sagte sie, „wie war Ihr Name noch mal? Ach wissen Sie, mein Namensgedächtnis ist nicht das beste … Ach, Frau Gärtner! Jetzt fällt es mir wieder ein! Na, sind Sie gut durch den Schnee gekommen? So einen strengen Winter hatten wir schon lange nicht mehr!"

Ich antwortete, dass ich keine Probleme gehabt hätte, da die Straßen geräumt seien. Frau Ellermann ging mit mir nur kurz meinen Lebenslauf durch und übergab mich dann der Teamleiterin Frau Sonntag. Diese versuchte mir anhand eines Rollenspiels einen ersten Eindruck von den künftigen Kundengesprächen zu vermitteln. Über ein Headset musste ich mit Frau Sonntag telefonieren und ihr eine kostenlose informative Broschüre anbieten. Meiner Aufregung waren keine Grenzen gesetzt. Ich verhaspelte mich und musste husten, und dann war meine „Premiere" auch schon beendet. „Na", meinte Frau Sonntag, „fürs Erste war es gar nicht so schlecht. Natürlich muss der Stimme noch mehr Ausdruck verliehen werden, aber das bekommen wir schon hin. Ich empfehle Ihnen daher, in einem Chor zu singen." Als ich sie fragte, warum diese Broschüren gratis angeboten würden, antwortete sie, dass, falls der Kunde keinen Widerruf innerhalb von zwei Wochen tätige, der Bezug in ein kostenpflichtiges Jahresabo übergehe, und somit habe das Callcenter sein Ziel erreicht. Man hoffte, dass möglichst viele Angerufene diesen Termin versäumten und somit, ohne es zu wollen, in einen Jahresbezug hineingerieten. Damit war der erste Probetag auch schon zu Ende, und Frau Sonntag verabschiedete mich mit den Worten: „Dann bis morgen, Frau Gärtner."

Im Auto ließ ich den Tag nochmals Revue passieren. Jetzt schon ein Fazit zu ziehen fand ich allerdings verfrüht.

Zu Hause angekommen, wurde ich von meiner Tochter freudestrahlend empfangen. „Mama, ich habe heute im Aufsatz eine Eins bekommen", sagte sie. Na, dachte ich, wenn das kein Erfolgserlebnis ist.

Nach dem Abendessen gingen wir noch Fahrrad fahren und somit hatte ich genug Ablenkung von Newslettern und Überzeugungsarbeit am Telefon.

Der nächste Tag im Callcenter begann ziemlich turbulent. Frau Sonntag empfing mich mit den Worten „Na, haben Sie gut geschlafen? Heute kommt der Chef vom Billerstein-Verlag. Er hört in einzelne Gespräche rein. Insbesondere bei den Neulingen möchte er sich einen Überblick über die Qualität der Gespräche verschaffen.

Jeder muss hundert Prozent bringen, damit die Geschäftsverbindung zu unserer Firma auch weiterhin bestehen bleibt. Also strengen Sie sich an, meine Herrschaften. Es geht ja schließlich um Ihren Job." Bei den Neulingen, fuhr sie fort, liege die Messlatte nicht ganz so hoch, da diese in den ersten Wochen noch unter „Welpenschutz" stehen. Ich runzelte die Stirn über diese Wortwahl.

Plötzlich ging die Tür auf, und Frau Chefin kam mit dem Verlagstypen herein. Er war herausgeputzt vom Scheitel bis zur Sohle, hatte Ringellöckchen und trug eine goldene Halskette und Lackschuhe. „Mein Name ist Unser. Wie ich von Frau Ellermann erfuhr, sind hier alle hoch motiviert", sagte er. Ich fragte mich, ob der hier überhaupt richtig war. Der passte eher ins Rotlichtmilieu, vielleicht war er Quereinsteiger.

Meine Kollegin Ingrid neben mir flüsterte mir zu: „Hoffentlich hat er nichts zu beanstanden, denn ich bin noch in der Probezeit und habe in den letzten zwei Tagen keinen einzigen Abschluss gemacht."

„Mit unserer Neuen, Frau Gärtner, fangen wir an", verkündete Frau Ellermann und überließ mich meinem Schicksal. Frau Sonntag lief die ganze Zeit ganz übernervös hin und her.

Mein Herz raste und schlug bis zum Hals. Herr Unser bemerkte meine Aufgeregtheit, blieb aber selbst ganz gelassen. Obwohl ich keine einzige Broschüre an den Mann oder die Frau brachte, verabschiedete er mich mit den Worten: „Aller Anfang ist schwer, aber mit etwas Geduld bekommen Sie das schon hin. Und vergessen Sie eines nicht, in jedem Anfang liegt ein Zauber." Ach, dachte ich, wo hat er denn diesen frommen Spruch her. Der passt so gar nicht zu ihm.

Als Nächste war Gloria an der Reihe. Schon morgens auf dem Parkplatz hatte sie Tränen in den Augen gehabt. Sie erzählte mir von ihrem schwerkranken Mann und dass sie auf diesen Job dringend angewiesen sei. Herr Unser fragte sie gleich zu Anfang, ob sie denn schon Erfahrung im Callcenter gesammelt habe. Sie bejahte dies etwas schüchtern. In der Zwischenzeit rief ich einige weitere Adressen an. Als mir bis zur Mittagspause immer noch kein Abschluss gelungen war, trat die Teamleiterin zu mir und bat mich mitzukommen. Frau Ellermann müsse mit mir sprechen. Kaum hatte ich das Zimmer betreten, wurde ich von der Chefin derartig zusammengefaltet, dass mir leicht schlecht wurde und mein Kreislauf Achterbahn fuhr. „Für was werden Sie bezahlt? Haben Sie private Probleme? Wenn ja, müssen Sie diese morgens an der Garderobe ablegen. Haben Sie mich verstanden? Wenn Sie das nicht können, sind Sie hier fehl am Platz. Gefühlsduselei können wir uns nicht leisten. Und noch etwas: Toilettengänge sind grundsätzlich nur in den Pausen gestattet und nur im äußersten Notfall auch einmal zwischendurch." Hallo, dachte ich, hoffentlich ist diese Anordnung auch bei meiner Blase angekommen. „Ab sofort wird sich Frau Sonntag zu Ihnen setzen und in Ihre Gespräche reinhören. Pro Stunde müssen mindestens zwei Erfolge generiert werden. Und vergessen Sie eines nicht, Sie sind noch in der Probezeit! Und jetzt gehen Sie wieder an die Arbeit."

Ich bekam Kopfschmerzen, und das Ganze schlug mir auch auf den Magen. Von wegen Welpenschutz, dachte ich beim Hinausgehen. Kaum war ich wieder an meinem Platz, musste ich prompt zur Toilette. Frau Sonntags Blicke sprachen Bände. Sie zeigte auf ihre Armbanduhr und murmelte nur „Schnell, schnell." Es kam, wie es kommen musste. Ich bekam Durchfall und musste mich erbrechen. Als ich nach einer Weile zurückkam, lief mir auch schon Frau Sonntag entgegen. „Donnerwetter noch mal, wollen Sie auf der Toilette übernachten? Und jetzt wird ein Erfolg gemacht, und zwar ruck-zuck!" Dass sich mein Teint in ein Leinentuch verwandelt hatte, ließ Frau Sklaventreiberin kalt. Danach war an ein produktives Telefonieren logischerweise nicht mehr zu denken. Bis zur Frühstückspause waren es noch circa zwanzig Minuten, die ich irgendwie über die Runden bringen musste. Hannelore war immer die Erste im Aufenthaltsraum und futterte genüsslich Schokolade. Sie war übrigens nicht die Einzige, die einerseits krank aussah und andererseits mindestens fünfzig Prozent Übergewicht mit sich herumschleppte. Ja, dass Schokolade glücklich macht, wissen wir ja alle, dass dieses Glücksgefühl aber immer nur von kurzer Dauer ist, auch. Sie erzählte uns, dass sie an Diabetes leide und sie sich täglich Insulin spritzen müsse. Die Sucht nach Schokolade habe ihre Gesundheit ruiniert. Aber Fakt sei auch, dass sich dieser Höllenjob mit Süßzeug einfach besser überstehen lasse.

Unser Kollege Gerolf war das krasse Gegenteil: hager und bleistiftdünn. Außer Obst und Gemüse kam ihm nichts auf den Teller. Er propagierte eine vegane Ernährungsweise und versuchte uns bei jeder Gelegenheit von seiner neuen Philosophie zu überzeugen. Er stieß damit allerdings bei den allermeisten auf Ablehnung. Manchmal erinnerte er mich an einen indischen Guru. Über uns „Normalos", unsere Ernährung und ihre Folgen pflegte er zu sagen: „Zehn Minuten im Gaumen, acht Stunden im Magen und ein Leben lang auf den Hüften." Das saß. Ich nahm mir vor, am Abend statt Wurststulle und lecker Käse nur Obst zu essen und Leitungswasser zu trinken. Süße Getränke würden in der nächsten Zeit von meinem Speiseplan definitiv gestrichen.

Es lief heute nicht gut. Entweder ich erreichte niemanden oder es bestand schlicht und ergreifend kein Interesse an diesen Broschüren.

Kurz vor Feierabend machte ich dann doch noch einen Abschluss. Der nette Herr am Apparat fand meine Stimme sympathisch und fragte charmant, wie könne man einer so freundlichen Dame einen Wunsch abschlagen. „Ich weiß, Sie müssen Ihren Job machen.

Jetzt wünsche ich Ihnen noch viele Erfolg und alles Gute." Das tat meiner sensiblen Seele gut.

Am nächsten Morgen fuhr ich schon mit Bauchschmerzen zur Arbeit. Trotz Tabletten ging es mir nicht besser. Ich fragte Frau Sonntag, ob ich zum Arzt gehen dürfe. Sie verneinte dies und erklärte mir in schnippischem Ton, ich möge doch den Arzttermin auf Feierabend legen. Meinen Einwand, dass die Arztpraxen am Mittwochnachmittag geschlossen hätten, ignorierte sie. So unmenschlich waren die Arbeitsbedingungen teilweise in Callcentern. So telefonierte ich weiter, so gut es eben ging. In der Mittagspause legte ich mich auf zwei Stühle, und meine Kollegin Annerose kochte mir einen Kamillentee und gab mir von ihrem Zwieback.

Nach der Pause quälte ich mich durch die Telefongespräche. Gloria, die auch noch in der Probezeit war, flüsterte mir zu: „Ich muss heute Gas geben, denn gestern lief so gut wie gar nichts. Die Leute sind zurzeit krass drauf, und wenn das so weitergeht, überstehe ich die Probezeit nicht. Ich bin auf den Job angewiesen, da meine Privatinsolvenz noch vier Jahre läuft." Ich tröstete sie mit den Worten: „Es kann nur noch besser werden." Hinter mir versuchte Josef sein Glück. Nachdem ihm nichts gelang, schimpfte er wie ein Rohrspatz. Just in dem Moment kam die Chefin herein und war außer sich vor Wut. Er müsse sofort mitkommen. Ich fragte mich, ob hier die Wände Ohren hatten oder es Zufall war, dass sie just in dem Moment hereinkam, als Josef der Gaul durchging. Als er nach einer Weile mit hochrotem Kopf zurückkam und seinen Platz räumte, war mir sofort klar, dass wieder ein Mensch diesem Höllenjob zum Opfer gefallen war. Als er mir beim Hinausgehen ein kurzes „Tschüs" zurief, kam sofort ein strenger Blick von der Sklaventreiberin. „Lassen Sie sich nicht ablenken und wählen, wählen, wählen", sprach sie in scharfem Ton, den Blick auf mich gerichtet.

Gestern hatte Hasso hier angefangen. Seine Mimik und Gestik hatten etwas von „Tatütata, mein Täschchen brennt." Super nett, helle Stimme, etwas nervös und auch sonst irgendwie anders als die anderen Kollegen. Dass er dem männlichen Geschlecht zugeneigt ist, daraus hat er von Anfang an keinen Hehl gemacht. Durch seine freundliche Art fand er schnell Anschluss, und in die Pausen brachte er etwas Abwechslung. Es wurde viel gelacht, und man konnte so den Höllenjob für ein paar Minuten vergessen.Ein neues Projekt stand an: Es mussten Frauenzeitschriften an die Frau gebracht werden. Hasso, ein alter Hase auf dem Gebiet des Telefonmarketings, sollte das Pilotprojekt zum Laufen bringen. Doch bevor das Ganze anlief, musste er noch zwei Schulungstage über sich ergehen lassen, und jetzt war es so weit: „The show must go on." Der Lautsprecher seines Telefons wurde angeschaltet, sodass wir das Gespräch mithören konnten. Alle waren neugierig und konnten es kaum erwarten zu erfahren, ob Hasso die Damenwelt würde überzeugen können. „Hallo, Frau Steinruh, einen wunderschönen guten Morgen! Mein Name ist Hasso Heer von der Firma Üben. Ich hoffe, ich störe Sie nicht?" „Na, dann legen Sie mal los", meinte Frau Steinruh. „Grund meines Anrufes ist folgender: Es geht um verschiedene Frauenzeitschriften, von der *Brigitte* bis zu *Frau im Blick* und viele andere, und Sie haben jetzt die Möglichkeit, unter zehn Zeitschriften drei kostenfreie auszuwählen."

Frau Unruh: „Und wo ist jetzt der Haken?" Hasso: „Natürlich würden wir uns freuen, wenn wir Sie als Abonnentin gewinnen könnten. Die Magazine Ihrer Wahl würden wir Ihnen umgehend per Post zukommen lassen, und dann hätten Sie zwei Wochen Zeit, sich für oder gegen einen Bezug zu entscheiden."

Frau Steinruh: „Dann senden Sie mir bitte schön die *Brigitte*, die *Freundin* und die *Bild im Leben*."

Hasso: „Wenn Sie sich sofort für einen Jahresbezug entscheiden, legen wir noch eine Schippe drauf, und Sie bekommen zusätzlich noch zwei weitere Zeitschriften gratis."

Frau Steinruh: „Herr Heer, lassen Sie mir bitte noch ein wenig Zeit. Ich muss mir das Ganze durch den Kopf gehen lassen und entscheide mich dann zu gegebener Zeit."

Hasso: „Darf ich mich in zwei Wochen nochmals bei Ihnen melden?" Frau Steinruh: „Das dürfen Sie gerne tun." Hasso verabschiedete sich freundlich und hoffte jetzt natürlich, dass Frau Steinruh das Angebot annehmen würde und er doch noch ein Jahresabo würde verkaufen können. Frau Teamleiterin zeigte sich zufrieden und war guter Dinge, dass ihm doch noch der eine oder andere Erfolg gelingen werde.

Ich selbst konnte in den letzten zwei Tagen drei Erfolge verbuchen.

Natürlich wurde seitens der Geschäftsleitung immer noch mehr verlangt. Dabei ist bekannt, dass sich heutzutage kaum jemand noch auf ein Jahresabo festlegt, zumal in fast jedem Supermarkt Zeitschriften in Hülle und Fülle ausliegen.

Heute war mal wieder so ein Tag. Nichts ging, obwohl ich mir alle Mühe gab. Die Leute am Telefon fühlten sich genervt, und dies konnte man förmlich spüren. „Warum rufen Sie mit verdeckter Nummer an?", wurde ich des Öfteren gefragt. „Sie wissen schon, dass dies gesetzlich verboten ist?" Ich erklärte dann, dass wir Probleme mit der Telefonanlage hätten. Grundsätzlich werde die Nummer mitgeliefert. Übrigens wurde uns von der Geschäftsleitung diese Version vorgegeben. Die Gesprächspartner ahnten aber meistens, dass dies nicht der Wahrheit entsprach, und rieten mir, ich solle mir einen seriösen Job suchen und sie aus der Anruferliste streichen. So ging das den ganzen Tag. Kurz vor Feierabend kam Frau Ellermann herein und sagte in ernstem Ton, dass wir morgen in der Mittagspause zu einer Besprechung antreten müssten. Auf der Heimfahrt ließ mich das Ganze nicht mehr los. Na ja, dachte ich, lass alles auf dich zukommen und freue dich auf deine Tochter und den wohlverdienten Feierabend. Schon an der Tür empfing mich meine Tochter mit den Worten: „Mama, ich habe mir auf dem Spielplatz meine Hose zerrissen, bitte schimpf jetzt aber nicht mit mir." Oh je, das auch noch. Warum gerade jetzt, wo das Geld diesen Monat ohnehin sehr knapp und das Gehalt noch nicht auf dem Konto eingegangen war. Normalerweise musste der Lohn bis zum vierten eines Monats überwiesen sein, und heute hatten wir bereits den achten.

Nach dem Abendbrot brachte ich meine Tochter zu Bett und schlief dann, wie so oft, auf meinem Sofa bei laufendem Fernseher ein.

Am nächsten Morgen war die Stimmung im Callcenter sehr angespannt. Dass etwas in der Luft lag, konnte man förmlich riechen. Ich war neugierig, was uns erwartet. Die Chefin, ihr Mann sowie die Teamleiterin, Frau Sonntag, standen mit ernsten Mienen vor uns. Zunächst war es so still im Raum, dass man eine Strecknadel hätte fallen hören. Da wir noch auf Martin Surer warten mussten, kam langsam Unruhe auf. Dirk neben mir schnippte ständig mit den Fingern, und auch Lena konnte ihre Nervosität nicht mehr in Zaum halten. Just in dem Moment, als die Chefin beschloss, auch ohne den fehlenden Kollegen zu beginnen, klopfte es an der Tür, und Frau Mader, die Sekretärin, kam herein. „Herr Surer hat angerufen und lässt sich entschuldigen. Er hat Magen-Darm-Probleme und kommt heute nicht." Die Chefin lief krebsrot an und brüllte: „Ohne Krankmeldung braucht er hier erst gar nicht wieder erscheinen. Rufen Sie ihn bitte sofort an, Frau Mader, bevor ich ihm die Leviten lese. Schließlich häufen sich die Krankmeldungen von Herrn Surer in letzter Zeit.

So meine Herrschaften, bevor ich noch mehr meiner kostbaren Zeit vergeude, muss ich mit Ihnen heute Klartext reden. Die Schlagzahlen müssen ab sofort erhöht werden, und zwar um fünfzig Prozent pro Stunde, das bedeutet: zwanzig Anwahlen und davon mindestens fünf Erfolge." Ein Raunen ging durch den Raum.

Schlagzahlen? So etwas kannte ich nur von Sklavenschiffen bzw. Galeeren. Michaela ergriff das Wort: „Telefonmarketing hat einen sehr schlechten Ruf, und solche Zahlen sind utopisch." Frau Chefin wiegelte sofort ab und sagte barsch: „Positive Gedanken machen das Unmögliche möglich. Und wem es hier nicht passt, der soll sich gefälligst einen neuen Job suchen." Die Teamleiterin, die bis dahin wie eine Salzsäule erstarrt schien, versuchte die Situation schönzureden. „Meine Agents, ganz wichtig: Das Glas ist halb voll und nicht halb leer. Bitte immer daran denken. Und jetzt an die Arbeit und wählen, wählen, wählen."

Die Wochen vergingen, und es wurde immer schwerer, Erfolge zu generieren. An manchen Tagen lief bei mir überhaupt nichts, obwohl ich mir alle Mühe gab. Die Leute fühlten sich genervt und belästigt. Abermals kam Frau Ellermann kurz vor der Mittagspause herein und sagte in einem ernsten Ton, dass morgen nach Feierabend wieder eine Besprechung stattfinde. Die Halbtagskräfte mögen entweder nochmals kommen oder einfach die Arbeitszeiten tauschen.

Beim Nach-Hause-Fahren gingen mir Frau Ellermanns Worte nicht aus dem Kopf, und ich überlegte mir, was für ein Donnerwetter wohl wieder auf uns niederprasseln würde. Als ich zu Hause ankam, empfing mich meine Tochter mit den Worten: „Hallo, Mama! Es gibt eine gute und eine schlechte Nachricht. Welche möchtest du zuerst hören?" „Dann fang mal mit der guten zuerst an." „Ich habe die Fahrradprüfung mit sehr gut bestanden, und jetzt die Schlechte: Ich musste heute eine Stunde nachsitzen wegen schwätzen. Du musst hier noch unterschreiben." Na ja, dachte ich, es gibt Schlimmeres. Und immer schön positiv denken. Das Glas ist halb voll und nicht halb leer."

Nach unserem abendlichen Spaziergang zu den dicken Hühnern um die Ecke brachte ich meine Tochter zu Bett und erledigte anschließend noch etwas Hausarbeit. Mit einem spannenden Buch in der Hand schlief ich dann sehr schnell ein. Dieser Telefonjob kostete meine ganze Energie, sodass ich abends todmüde war und zu nichts mehr Lust hatte. Meine Hobbys wie Kino, orientalischer Tanz und ab und zu mal Freunde treffen hatte ich vorerst auf Eis gelegt.

Am nächsten Morgen war ich eine der Ersten im Callcenter und traute meinen Augen nicht. Gisela, die falsche Schlange, machte sich ganz unauffällig an gute, noch nicht angerufene Adressen ran, um möglichst erfolgreich zu sein. Vorschrift war, dass immer zuerst die älteren, schon kontaktierten bearbeitet wurden. Erst danach wurden die neuen Adressen angerufen. Auf dieses unkollegiale Verhalten machte ich Frau Sonntag aufmerksam. Neue Adressen anstelle der ausgelutschten, schon mehrfach kontaktierten waren immer die Highlights im Telefonmarketing. Frau Sonntag achtete in der Regel auch immer darauf, dass gerecht verteilt wurde. Nach dem Donnerwetter von Frau Sonntag gingen alle wieder an die Arbeit, und Gisela versprach, sich zu bessern. Ich fragte mich nur, wie lange.

Meine erste Adresse heute war ein Mann. Beim Wählen machte ich mir so meine Gedanken, wie er wohl aussah, ob er Bartträger war, wie alt er sein mochte? Ob er mein Typ wäre? Schließlich war ich ja seit einiger Zeit wieder solo. Würde ich ihn mit meiner Stimme überzeugen können? Leider kam kein Gespräch zustande, da der Anrufbeantworter ansprang. Manchmal wünschte ich mir, es gäbe hier schon das Bildtelefon. Da müsste sich die Zicke Katja vor mir ganz schnell einen anderen Job suchen: Piercings und Tattoos, soweit das Auge reichte, und ein Nasenring setzte dem Ganzen noch eins drauf. Beim Telefonieren schleimte sie, was das Zeug hielt, und kam bei den männlichen Kunden mit ihrer Masche gut an. Auch mein nächster Adressat war ein Mann, der sich allerdings erst nach dem fünften Läuten meldete. Ich war schon nah dran aufzulegen. „Na", meinte er charmant, als ich mich vorstellte. „Was kann ich für Sie tun?" Wenn der wüsste, dachte ich. Dann nahm ich meinen ganzen Charme zusammen.

„Ach, nichts Schlimmes, Herr Mertens. Dass ich Sie heute anrufe, hat einen ganz besonderen Grund. Ich möchte Ihnen unsere brandaktuelle, hochwertige Broschüre vorstellen. Die ersten zwei Ausgaben sind gratis und portofrei."

„Na dann senden Sie mir die beiden Ausgaben zu. Einer so sympathisch klingenden Dame kann man doch keinen Wunsch abschlagen."

Zum Schluss wünschte er mir noch einen erfolgreichen Tag und alles Gute. Das ging runter wie Öl. Der Tag schien zunächst gerettet, und ich ging heute ohne eine Nullrunde nach Hause.

Als ich gerade wieder anwählte, kam Frau Sonntag wie der Blitz auf mich zugeschossen. „Frau Gärtner, kommen Sie sofort in mein Zimmer!" Ich war ihr kaum dorthin gefolgt, da brüllte sie mich an: „Was habe ich Ihnen gleich zu Anfang gesagt? Der Kunde muss nach Erhalt der zweiten kostenlosen Broschüre eine Rückmeldung machen, ansonsten geht der Bezug in ein Abo über. Warum haben Sie den Kunden darüber nicht informiert?"

Ich entschuldigte mich.

„Und jetzt gehen Sie wieder an Ihren Platz und machen Erfolge wie am Fließband. Und bitte den zwingenden Hinweis auf die erforderliche Rückmeldung bei dem Angerufenen nicht vergessen." Diese Frau hört die Engel singen. Wahnsinn!

Nach diesem Rüffel von Frau Sonntag lief nicht mehr viel. Mit meiner Freundin Marion traf ich mich nach Feierabend beim Italiener. Ich nahm mir vor, heute nur einen Salat zu essen. Am besten ohne mein geliebtes Joghurtdressing. Denn schließlich war ich mal wieder auf Diät, und der Sommer stand vor der Tür. Sonst wurde es wieder nichts mit der Bikinifigur, und ich musste das neu gekaufte Teil wieder für ein Jahr einmotten. Aber wie hieß es so schön: Die Hoffnung stirbt zuletzt. Ich nahm mir vor, ab jetzt mindestens viermal wöchentlich schwimmen und joggen zu gehen. Das sollte angeblich Fett verbrennen, hatte mir meine Freundin Pamela erklärt. Bei ihr fing der Tag mit Sport an und hörte mit Sport auf. Dementsprechend abgemagert sah sie aus. Da blieb ich lieber bei meinen Rundungen. Denn ein Hungerhaken wollte ich auf gar keinen Fall werden. Im Übrigen las ich in einer Frauenzeitschrift, dass Frauen mit Formen, sogenannte Vollweiber, bei den Männern wieder beliebt sind. Das machte mir Hoffnung. Denn eines war doch klar: Kein Mann verletzt sich freiwillig an spitzen Hüftknochen.

Marion sah mir schon von Weitem an, dass ich gestresst war. „Dir scheint es nicht so gut zu gehen", sagte sie zur Begrüßung. „Holen sie im Callcenter wieder die Peitsche raus?" Ich war in diesem Moment erleichtert, mich mit jemandem über diesen miesen Job unterhalten zu können. Sie nahm mich in den Arm und tröstete mich mit den Worten: „Du kriegst auch noch deinen Traumjob. Das braucht Zeit, und denke immer daran: Alles kommt zu dem, der warten kann." Wir klönten über vergangene Zeiten und lachten uns im Nachhinein schlapp über das, was wir früher alles zusammen erlebt hatten. Zu vorgerückter Stunde verabschiedete ich mich und fuhr mit einem zufriedenen Gefühl nach Hause.

So vergingen die Wochen, und kein Tag war wie der andere. Der Druck, der auf uns Agents ausgeübt wurde, strapazierte mein Nervenkostüm und das meiner Kollegen stark. Man spürte täglich mehr, dass etwas in der Luft lag. Frau Ellermann saß fast den ganzen Tag an ihrem Schreibtisch und telefonierte. Durch die Glasfront konnte man sie beobachten. Frau Sonntag war des Öfteren nicht anwesend, und somit konnten wir ab und zu auch mal ein Schwätzchen halten, ohne gleich den Schießhund im Nacken zu spüren. Jetzt freute ich mich auf die Mittagspause, die in zehn Minuten begann. Heinrich wartete in der Küche wie immer auf mich. Wir hatten in etwa die gleiche Wellenlänge und konnten über Gott und die Welt klönen. Er nannte mich seine Seelenverwandte, und ich nannte ihn Teddybär. Er liebte alles, was dick macht. Schokolade und Kuchen konnte er nicht widerstehen. Meine mahnenden Worte, dass Süßigkeiten in so großen Mengen auf Dauer seine Gesundheit ruinierten, lächelte er müde weg. Seine Blutfette waren im Normbereich, meinte er etwas beschämt und rechtfertigte sich damit, dass man diesen Höllenjob ohne ausreichende Nervennahrung nicht überstehe. Im Übrigen hoffte er immer noch auf einen Lottogewinn oder eine reiche Witwe. „Typisch Mann eben."

„Wie viel Erfolge hattest du heute schon", fragte er noch kurz vor Ende der Pause. „Zwei in vier Stunden", antwortete ich. „Und du?" „Bis jetzt noch keinen einzigen, und wenn das so weitergeht, sind meine Tage hier gezählt." Ich ermunterte ihn, das Beste daraus zu machen. Mehr könnten wir nicht tun.

Rosemarie zeigte mir noch ganz kurz ein Foto ihres Patenkindes, und dann hieß es wieder: ran an die Hörer und wählen, wählen, wählen. Ich nahm mir vor, noch ein paar produktive Gespräche bis zur Besprechung um 14:00 Uhr zu versuchen. Dann war es so weit. Als wir hinaufgingen, fragte mich Tanja, ganz blass im Gesicht, ob ich auch so ein ungutes Gefühl hätte. Ich verneinte dies und beruhigte sie mit den Worten, wir sollten uns überraschen lassen, alles andere könnten wir ohnehin nicht beeinflussen.

Unsere Chefin, sichtlich angespannt, bat uns, Platz zu nehmen. „Meine Herrschaften, wie Sie vielleicht schon gemerkt haben, steckt die Firma in großen finanziellen Schwierigkeiten. Durch die viel zu geringen Erfolge sah ich mich leider gezwungen, Insolvenz anzumelden. Unser langjähriger Geschäftspartner, der Billerstein-Verlag, hat die Geschäftsbeziehung zu uns mit sofortiger Wirkung gekündigt. Alle Versuche, das Ruder nochmals herumzureißen, sind leider gescheitert. Dies ist zunächst die schlechte Nachricht." Ich dachte mir gleich, dass noch was nachkommt. „Und jetzt die gute Nachricht: Frau Sonntag wird die Firma übernehmen, sobald geklärt ist, ob Herr Sonntag die finanziellen Mittel zur Verfügung stellt. Eure Gehälter sind zunächst gesichert, und es würde in dem Fall etwa alles so weiterlaufen wie bisher.

Ich werde Frau Sonntag in der Übergangszeit selbstverständlich mit Rat und Tat zur Seite stehen, sodass ein nahtloser Übergang gewährleistet ist. Wir versuchen auch neue Vertragspartner zu finden und haben bereits mit verschiedenen Verlagen Kontakt aufgenommen. Ich werde euch auf jeden Fall noch einige Zeit erhalten bleiben." Am Schluss wünschte sie uns noch alles Gute, und wir sollten unserer neuen Chefin dasselbe Vertrauen schenken wie bisher. Alle klatschten in die Hände, nur Katja nicht. Von kollegialem Verhalten hielt diese Zicke nichts. Weil sie sich immer die Rosinen bei den Adressen rauspickte, hatte sie keine Freunde mehr im Callcenter. Frau Sonntag schaute ihr diesbezüglich auf die Finger.

Jetzt schien wieder etwas Licht am Horizont. Nach ein paar positiven Telefongesprächen, diese waren heute ausnahmsweise in der Überzahl, ging ich mit einem doch beruhigenden Gefühl nach Hause. Meine Tochter stand bereits mit der Badetasche in der Hand an der Tür und freute sich aufs Hallenbad.

Beim Schwimmen konnte ich sehr gut abschalten, was ich vor allem nach so einem nervenaufreibenden Tag nötig hatte.

Die Wochen vergingen, und unsere neue Chefin hatte sich alle Mühe gegeben, uns zu motivieren. Auch die Stelle der Teamleitung war neu zu besetzen. Eines Tages stellte sich dann eine Dame vor, Frau Meister, die mich vom Typ her stark an eine Komikerin aus dem Fernsehen erinnerte. Inge rümpfte sogleich die Nase. Ich belehrte sie, dass man einen Menschen nicht auf sein Äußeres reduzieren sollte. Im Übrigen war Frau Meister an einem guten Betriebsklima sehr gelegen.

Heute war wieder so ein Tag, an dem einfach nichts gelingen wollte. Nach über vier Stunden immer noch kein Abo verkauft. Ein mulmiges Gefühl befiel mich. Als hätte ich es geahnt, ging die Tür auf, und Frau Sonntag bat mich zum Rapport. Ich zog alle Register. Die Kunden seien schlecht drauf, viele litten unter der schlechten Wirtschaftslage usw. Es nützte alles nichts. Ich bekam eine Abmahnung und wurde genötigt, pro

Stunde mindestens ein, wenn nicht zwei Abos zu generieren. Bei dem Gedanken wurde mir ganz schlecht. Wo ich doch mit solch armen Menschen sehr viel Mitleid habe. Vielleicht hätte ich besser einen sozialen Beruf gewählt. Annerose sah mir an, dass ich wieder Prügel bezogen hatte. „Reg dich nicht auf, das ist halt ein Scheißjob und moderne Sklaverei." Der nächste Anruf war dann von Erfolg gekrönt. Ach, was war der Herr so nett. „Sie haben aber eine freundliche Stimme, da kann man gar nicht Nein sagen", waren seine Worte. Das berührte meine Seele. Ich verabschiedete mich und wünschte noch einen wunderschönen Tag. So verging Tag um Tag, Woche um Woche und Monat um Monat. Immer wieder wurden wir gegeißelt und angetrieben, die Schlagzahlen zu erhöhen. Annerose erschien eines Tages nicht mehr zur Arbeit. Den Grund ihres Fehlens hatte ich nie erfahren. Krank und abgemagert sah sie am Schluss aus. Wieder war ein Mensch diesem fürchterlichen Höllenjob zum Opfer gefallen. Monate später erfuhr ich von ihrem frühen Tod. Das belastete mich sehr. Im Callcenter war ein Kommen und Gehen. Manche waren nur zwei Tage zum Probearbeiten da. Eine Frau hatte sich mit den Worten verabschiedet, da werde ich eher Toilettenfrau oder Sozialhilfeempfängerin, als unter solchen menschenunwürdigen Bedingungen zu arbeiten. Ich sehnte den Feierabend herbei und war gespannt, was es bei meiner Tochter so Neues gab.

Auf dem Weg zu meinem Auto klingelte mein Handy. „Mama, bring mir doch bitte einen Hamburger mit."

Wie konnte man da Nein sagen. Als alleinerziehende Mutter hatte man immer ein schlechtes Gewissen und wurde dann ab und zu auch einmal schwach, und wenn es nur um so einen ungesunden Hamburger ging.

   Unsere Chefin war in der letzten Zeit häufig außer Haus. Wieder lag so ein komisches Gefühl in der Luft. Frau Sonntag erklärte uns, dass am nächsten Tag eine wichtige Besprechung stattfinde. Zu dem Termin empfing sie uns mit ernster Miene. Um den Betrieb stehe es nicht gut, und man suche nach Lösungen, das heißt, man müsse eine neue Quelle anzapfen. Dazu müssten wir zu einer Firma fahren, die sich auf den Verkauf von Lotterielosen spezialisiert hat. Am nächsten Morgen starteten wir mit vier Autos in den Südschwarzwald. Ich fuhr in Frau Sonntags Cabrio mit. Bei der anderen Firma angekommen, wurden wir bereits erwartet. Ein Herr, geschniegelt vom Scheitel bis zur Sohle, nahm uns sofort mit ins Besprechungszimmer. Nach einer kurzen Begrüßung wurde jeder von uns einem Agent zugeordnet. Ich wurde neben Herrn Wuttag gesetzt. Ich erschrak! Er hatte etwas von einem Türsteher: kahl rasierter Kopf, breite Schultern und ein Killerblick. Er erklärte mir eiskalt, wie man zu seinem Ziel kommt. Ich dachte nur, er meint wohl, wie kann ich erfolgreich die Leute übers Ohr hauen? Und genau so kam es. „Eines müssen Sie wissen", sagte er zu mir. „Ihr Mitleid müssen Sie komplett ausblenden, und Ihre Emotionen lassen Sie gefälligst zu Hause." Gefühle Fehlanzeige. Ich kam mir vor wie in einem schlechten Film. Als Erstes rief er eine alte Frau an und kam gleich zur Sache.

Seiner Einschüchterungstaktik war sie überhaupt nicht gewachsen. Mit verängstigter Stimme erklärte sie, dass ihr zum Leben nur eine kleine Rente bleibe. Das interessierte den Typen überhaupt nicht. „Genau aus diesem Grund rufe ich Sie heute an, Frau Meier. Mit dem Kauf eines Lotterieloses sind Sie auf einen Schlag alle Sorgen los, denn fast jede Nummer gewinnt. Und jetzt nennen Sie mir bitte noch Ihre Bankverbindung, damit wir Ihnen den Gewinn auf Ihr Girokonto überweisen können. Zuerst muss natürlich der Einsatz abgebucht werden." Bevor die Frau noch etwas sagen konnte, hatte er den Sack zugemacht. Meine Abscheu hätte nicht größer sein können. Eine vierundachtzigjährige, wehrlose Frau so skrupellos übers Ohr zu hauen, da musste man ziemlich abgebrüht sein. Die ganze Aktion erschütterte mich sehr, und ich fröstelte innerlich. Herr Wuttag ignorierte mein Entsetzen und lächelte nur kalt. So ging das den ganzen Tag. Bei der Heimfahrt hatte ich meiner Chefin dann klargemacht, dass ich solche schmutzigen Geschäfte nicht tätigen werde. Sie bat mich, das Ganze erst einmal sacken zu lassen, denn dies sei die allerletzte Möglichkeit, den Betrieb vielleicht doch noch zu retten. Bei der Firma angekommen, warteten bereits die anderen Agents auf uns. Wir versammelten uns alle im Besprechungsraum, um den Tag noch einmal Revue passieren zu lassen, und waren uns fast alle einig, dass wir für solch eine schmutzige Arbeit nicht zur Verfügung stünden. Die Firma konnte sich nicht mehr lange halten, und somit bekamen alle die Kündigung.

Bei der Agentur für Arbeit wurde mir sofort eine neue Stelle als Callcenteragent angeboten.

Als ich bei der Firma anrief, erklärte mir die Frau am Telefon: „Bei uns werden Sie so viel verdienen, das können Sie gar nicht alles ausgeben." Ich war baff. Da meiner Neugierde keine Grenzen gesetzt waren, vereinbarte ich sofort einen Termin für ein Vorstellungsgespräch.

Dass es sich um das etwas andere Callcenter handelte, war mir sofort aufgefallen. Ich stand vor einem riesengroßen Gebäude. Nach längerem Suchen wurde ich dann fündig. Im dritten OG stand in großer Aufmachung „Free-line – normal ist etwas anderes."

Die Teamleiterin erinnerte mich an eine Animierdame. Primitiv und vulgär war ihre Aussprache. Na ja, dachte ich, bei so viel Kohle kann mir das egal sein.

Mein Arbeitsbeginn wurde ganz kurzfristig angesetzt.

… und weiter geht es mit Callcenter

Nummer zwei

Mit mir fingen noch sieben Leute an. Marco zeigte mir meinen Arbeitsplatz: eine Telefoninsel mit vier Leuten. Das war der Knaller. Was denn hier am Telefon verkauft werden sollte, war mir immer noch nicht klar. Marco verteilte an jeden Agent Leitfäden, und danach wurden wir auf DSL geschult.

Um an Privatadressen zu gelangen, wurden hinterhältig Fallstricke gezogen. Vor Einkaufszentren wurden Leute angesprochen, sie sollten rubbeln, und mit etwas Glück gewännen sie einen Laptop. Bei einer Niete würden ihnen als Trostpflaster vierzig Freiminuten im Monat ins deutsche Festnetz gutgeschrieben. Sie mussten unterschreiben, und in ihrer Euphorie taten dies die meisten auch. Wie so oft wurde das Kleingedruckte übersehen, in dem stand, dass sie von uns in den nächsten Tagen angerufen würden. Sinn und Zweck des Anrufes war es, DSL zu verkaufen. Im Callcenter herrschte große Hektik, und die nervöse Teamleiterin mit ihrer lauten Stimme hatte in meinen Augen keinen blassen Schimmer. Sie konnte auf keine Frage eine vernünftige Antwort geben. Wieder kam ich mir vor wie in einem schlechten Film.

Nachdem ein paar Wochen vergangen waren, fragte ich ganz vorsichtig, wer hier eigentlich der Chef ist. Es wurde getuschelt, Herr Eser sei Teilhaber an einem Nachtclub, und dies hier sei nur sein zweites Standbein. Für den nächsten Tag hatte er sich angesagt, um die neuen Agents kennenzulernen.

Irgendwann am Vormittag hörten wir schon von Weitem das Dröhnen eines Maseratis. Ulrike hüpfte vor lauter Aufregung hin und her. Die Spannung wuchs, und plötzlich stand Mehmet vor uns. Ich war baff. Nicht größer als ein Meter fünfzig, Irokesenschnitt, und der Schritt seiner Skaterhose hing ihm an den Kniekehlen. Er bemerkte wohl unser Erstaunen, hatte aber die Situation relativ schnell im Griff. Mit einem hingeworfenen „Hallo, Sie möchten hier arbeiten" löste sich die Spannung recht schnell. Nach belanglosem Smalltalk wünschte er uns noch einen guten Start und übergab das Wort an Frau Demel. Ihr blieb nicht verborgen, dass wir alle über Mehmets Outfit erstaunt waren. Später griff sie das Thema noch einmal auf und bemerkte spitzfindig, dass man Herrn Eser nicht auf sein Äußeres reduzieren sollte. Schließlich sei er unser Chef, und das sollten wir bitte schön nicht vergessen. Das musste ich erst einmal sacken lassen. Einen Paradiesvogel als Chef hatte ich bisher noch nicht.

Auch hier wurde bald die Peitsche rausgeholt. Meine neue Kollegin Fatma weinte oft. In den Pausen erzählte sie mir von ihrem schrecklichen Leben. Mit sechzehn

Jahren war sie mit ihrem Cousin zwangsverheiratet worden und hatte mit ihm nach Deutschland ziehen müssen. Weit weg von ihrer Familie. Ihr Mann behandelte sie wie eine Sklavin. Morgens begleitete er sie zur Arbeit und holte sie abends wieder ab. Fast täglich bekomme sie Prügel. Irgendwann kam sie nicht mehr zur Arbeit, und es hieß, ihr Mann habe sie krankenhausreif geschlagen und sitze jetzt in Untersuchungshaft. Auch dieses Schicksal hat mich sehr bewegt.

Obwohl wir alles versuchten, blieben die Erfolge aus. Wir mussten die Leute anrufen, um ihnen die gewonnenen vierzig Freiminuten zu bestätigen. So weit, so gut, aber das war nur ein Vorwand, es ging um etwas ganz anderes: Wir mussten den „Glücklichen" ein Angebot über einen DSL-Anschluss unterbreiten. Kaum jemand war aber bereit, seinen Anbieter zu wechseln, und somit legte auch fast niemand Wert mehr auf die Vergütung der vierzig Freiminuten. Alle Überzeugungsarbeit lief ins Leere, und Frau Teamleiterin in ihrem Minirock und den Stöckelschuhen war kaum mehr zu ertragen. Tja, dachte ich, Benehmen und Anstand hat sie wohl schon als Kind mit dem Spinatbrei ausgespuckt. Sehr schnell hatte ich die Machenschaften auch dieses Callcenters durchschaut.

Die Gehaltsabrechnungen stimmten nie, und durch die fehlende Provision der DSL-Abschlüsse arbeitete nicht nur ich für einen Hungerlohn.

Mir wurde mit der Zeit klar, dass wir wie eine Zitrone ausgequetscht wurden, während der aufgeblähte Wasserkopf sich die Taschen vollstopft. Ich litt immer mehr unter diesen unmenschlichen Arbeitsbedingungen. Mein Arzt diagnostizierte hohen Blutdruck und schrieb mich für eine Woche krank. Als ich wieder zur Arbeit ging, musste ich bei der Teamleiterin vorsprechen. Sie gab mir zu verstehen, dass der nächsten Krankmeldung die Kündigung folgen würde. Ich war fix und fertig. Das durfte doch nicht wahr sein. Der arme Agent wurde geknebelt, und der schräge Vogel von Chef samt Bürostab und Teamleiterin flog für ein Wochenende nach Dubai. Und das alles auf Geschäftskosten. Die absolute Dekadenz. Solch eine Verschwendung, und die armen Agents mussten diesen Luxus finanzieren.

Um uns bei Laune zu halten, wurden wir an einem Samstagabend zum Grillen in eine Gartenhütte eingeladen. Schon von Weitem roch es nach gegrilltem Lammfleisch und stark riechenden Gewürzen. Mehmet, unser Chef, lief zu Hochform auf. Ich fühlte mich wie in einem orientalischen Basar. Irgendwann zu später Stunde trat eine Bauchtänzerin auf, und die Stimmung erreichte ihren Höhepunkt. Wir Agents waren ein kleines Häufchen im Vergleich zu den übrigen Leuten. Wegen der lauten Musik war an eine Unterhaltung überhaupt nicht zu denken. Der Vater von Mehmet schlich den ganzen Abend um mich herum und stierte mich lustvoll an. Ich hatte alle Hände voll zu tun, ihn abzuwehren. Zu vorgerückter Stunde gab es einen fürchterlichen Beziehungsstreit. Als einer ein Messer zückte, verließ ich fluchtartig das Fest. Am nächsten Morgen erfuhr ich, dass es nachts eine Polizeirazzia gegeben hatte und das Fest ganz schnell aus war. Das war natürlich im Callcenter Gesprächsthema Nummer eins. Die nächsten Tage wurden Mehmet und Teamleitung nicht gesehen. Vermutlich war ihnen die ganze Sache sehr peinlich und sie tauchten erst einmal unter. Wir Agents waren uns mehr oder weniger selbst überlassen. Nur die Sekretärin, Frau Meisel, war anwesend, die total gestresst war. Ständig läutete das Telefon. Die Situation war schlicht und ergreifend chaotisch. Es ging dann das Gerücht um, Mehmet sitze in U-Haft. In den Pausen hingen wir lustlos im Aufenthaltsraum rum. An ein vernünftiges Telefonieren war zu dieser Zeit nicht mehr zu denken.

So verging Woche um Woche, und kein Tag glich dem anderen. Es war Sommer, in dem riesigen Raum herrschte eine fürchterliche Geräuschkulisse, und die Temperaturen erreichten häufig die Dreißig-Grad-Marke. Es kam, wie es kommen musste: Durch die extrem hohe Luftfeuchtigkeit machte bei einigen der Kreislauf schlapp. Irmtraud kippte ganz plötzlich von ihrem Stuhl, und darauf brach Panik aus. Chef und Teamleiterin waren mal wieder außer Haus. Wir riefen den Notarzt. Dieser war zum Glück schnell da und machte die Erstversorgung. Nachdem die Spritze gewirkt hatte, kam Irmtraud langsam wieder auf die Beine. Wir rieten ihr, nach Hause zu gehen. Dies lehnte sie zunächst ab und bat darum, ihr etwas Geld zu leihen, da sie weder Benzin im Tank noch einen Cent im Portemonnaie hätte. Schließlich standen unsere Gehälter für den letzten Monat noch aus, obwohl heute bereits der Fünfzehnte war. Gerd und ich hatten Mitleid und gaben ihr zehn Euro.

Später erfuhren wir, dass Irmtraud im Krankenhaus lag und nicht mehr kommen würde.

Die Zustände im Callcenter wurden mit der Zeit immer chaotischer. Ständig wurde wegen der falschen Lohnabrechnungen reklamiert, und zeitweise brach schon morgens das Chaos aus. Der Lärmpegel stieg ins Unermessliche. Unsere Teamleiterin war die meiste Zeit cholerisch und holte täglich die Peitsche raus. Das Betriebsklima war unerträglich. „Wenn ihr keine DSL-Abschlüsse macht, bekommt ihr keine Provision, und euer Gehalt fällt entsprechend niedrig aus." Wie war das bei unserem ersten Telefongespräch? „Bei uns werden Sie so viel verdienen, das können Sie gar nicht alles ausgeben." Selten so gelacht. Wem wollte diese Tussi das noch auftischen? „Also meine Herrschaften, strengt euch an. Bis heute Abend möchte ich von jedem zwei DSL-Abschlüsse sehen, sonst wird es Konsequenzen geben."

Die Stimmung wurde immer gedrückter. Wie soll ich denn einem neunundachtzigjährigen Mann DSL verkaufen, wenn er so etwas überhaupt nicht braucht. Oder einer Hartz-IV-Empfängerin, der das Geld so kaum zum Leben reicht.

So schleppte ich mich tagtäglich in dieses schreckliche Callcenter.

Die Räume waren alle sehr ungepflegt, um nicht zu sagen: dreckig. Eine Putzfrau bekam man nie zu Gesicht. Der Druck nahm immer mehr zu, und alle litten sehr unter den chaotischen Arbeitsbedingungen.

Gerolf, der mit mir angefangen hatte, war eines Tages nicht mehr da. Ich erfuhr später, dass er auf eigenen Wunsch gekündigt hatte. Daraufhin wurde er von der Arbeitsagentur für drei Monate gesperrt und stand nun ohne Geld da. Auch dieses Schicksal ließ mich nicht kalt. Ich war überzeugt, dass er diesem brutalen Druck, und das bei so einem Hungerlohn, nicht gewachsen war.

Aufgrund der unmenschlichen, psychisch belastenden Arbeitsbedingungen und den falschen Gehaltsabrechnungen sah ich für mich in dem Betrieb keine Zukunft mehr und kündigte fristgerecht.

Später las ich in den Amtsnachrichten, dass die Firma aufgelöst wurde.

Ich bemühte mich, sofort wieder in Lohn und Brot zu kommen, und wurde recht schnell fündig.

Im Internet inserierte eine Firma, die Leute zum Telefonieren suchte.

… und weiter geht es mit Callcenter

Nummer drei

Nachdem ich mich dort gemeldet hatte, wurde ich sehr schnell zum Vorstellungsgespräch geladen. Der Chef machte zwar nicht gerade den schlauesten Eindruck, neugierig machte mich der Laden aber trotzdem. Schließlich wollte ich nicht ohne Arbeit sein. In dem großen Raum telefonierten circa fünfzehn Leute. Alle Agents saßen ohne Abtrennung an langen Tischen nebeneinander. Nach zwei Probetagen nahm ich meine reguläre Tätigkeit auf. Wir riefen ausschließlich Katalogkunden an. Olaf, unser Teamleiter, war ein fleischgewordenes menschliches Fehlverhalten. Kahl rasierter Kopf und eine Stimme so laut wie Donnergrollen. Wenn er den Mund aufmachte, stellten sich mir die Nackenhaare hoch. Ingelore hatte er so etwas auf dem Kieker, das war unüberbietbar. Sie war täglich seinen Launen ausgesetzt. Suri hingegen konnte sich alles erlauben. Wenn sie in seine Nähe kam, begannen seine Hormone Stehblues zu tanzen und sein Gehirn schaltete auf Sparflamme. Diese Bordsteinschwalbe war sich ihrer Wirkung auf Männer bewusst und nutzte dies bei Olaf gezielt aus. Hinter vorgehaltener Hand erzählte man sich, dass sie früher im Bordell gearbeitet hatte, und so sah sie auch aus. Keinen blassen Dunst von Telefonmarketing, aber eine aufgespritzte Lippe riskieren und den lieben langen Tag süffisant lächeln … Auch wenn sie sich mehr als dämlich anstellte, bei ihr gingen die Uhren anders, und Olaf, voller Testosteron, nahm sie immer in Schutz. Als neues Projekt stand der Verkauf einer neuen bzw. Umwandlung einer bereits bestehenden Lebensversicherung an. Dass dies ein Flop war, zeigte sich recht schnell. Wer kündigt denn ohne Grund freiwillig seine Lebensversicherung, zumal die alten Konditionen in der Regel besser waren? Fast jeder Anruf war eine Niete. Olaf lief wie ein Tiger im Käfig hin und her. Auf seiner Schautafel sah man nur Antismileys. Kam dann tatsächlich ein Erfolg zustande, klatschte er in die Hände und schrie: „Weiter so! Weiter so!" Sein „Tschaka, Tschaka!" klingt mir heute noch in den Ohren. Mit der Zeit bemerkten die Chefs, dass ihnen in Sachen Lebensversicherungsverkauf die Felle davonschwammen und die ganze Aktion doch nicht den erhofften Erfolg brachte. Die Wochen vergingen, und Olaf blies von allen Seiten der Wind ins Gesicht. Eines Tages wurde ihm gekündigt, und alle schrien laut Halleluja. Auf Olaf folgte Thorsten. Der war anfangs sehr bemüht, auf uns Agents einen guten Eindruck zu machen, was sich aber im Laufe der Zeit schnell verflüchtigte. Nach den Sommerferien telefonierten wir für ein neues Projekt, und zwar Weinverkauf. Es wurden Privatleute angerufen, denen man italienischen Wein präsentierte. Aber so einfach war auch das nicht. Man musste jede Menge Überzeugungsarbeit leisten, um einen Abschluss zu machen. Die meisten wollten es sich erst noch überlegen oder lehnten sofort ab, mit der Begründung, italienischen Wein bekomme man in jedem Supermarkt günstiger.

Jetzt war Köpfchen gefragt. „Überlegen Sie doch mal, mein Herr! Sie bekommen zu dem günstigen Wein noch ein Pesto, zwei Gewürze und eine luftgetrocknete Salami, original italienisch, versteht sich, dazu." Dazu konnte man doch nicht Nein sagen? Es gelang mir, ob man es glaubt oder nicht, an manchen Tagen vier Erfolge zu erzielen. Ich bekam ein dickes Lob, und das streichelte meine Seele. Dann kam der Einbruch. Ich konnte einfach nicht mehr überzeugen, und das belastete mich sehr. Auch die anderen Agents kämpften und gaben alles. Parallel kam noch ein Projekt dazu, von dem man sich vor allem in der Vorweihnachtszeit viel Umsatz versprach: Katalogkunden waren die Zielgruppe. Da sich Bücher, Elektrogeräte, CDs und andere Präsente ja bekanntlich in der Adventszeit sehr gut verkaufen, hoffte man auf hohe Umsätze. Trotz anfänglicher Schwierigkeiten lief die Aktion recht gut. Thorsten war voll des Lobes über seine tüchtigen Agents, und das Betriebsklima war einigermaßen auszuhalten. Bis eines Vormittags Muriel das Portemonnaie gestohlen wurde. Das muss an einem unbeobachteten Augenblick während der Kaffeepause passiert sein. Thorsten informierte sofort die Chefs, und plötzlich brach Panik aus. Es wurden von jedem die Taschen und Jacken durchsucht, und dann war Berthold als Dieb überführt. Er musste auf der Stelle seinen Platz räumen und seine Entlassungspapiere abholen. Ich hatte von Anfang an ein ungutes Gefühl, da er mir nicht in die Augen sehen konnte. Alle waren erleichtert und telefonierten weiter, so gut es eben ging.

Außer Berthold gab es noch einige weitere zwielichtige Gestalten in dem Callcenter. Die meisten waren nur für kurze Zeit da. Es herrschte ein Kommen und Gehen. Viele wurden von der Arbeitsagentur vermittelt. Acht Wochen lang telefonierten diese Leute für die Firma unentgeltlich, da der Lohn, im Rahmen einer Eingliederungsmaßnahme, von der Agentur für Arbeit bezahlt wurde. Damit konnte man die Arbeitslosenstatistik schönen. Die meisten dieser Leute verwechselten hartes Telefonmarketing mit Smalltalk. Das konnte nicht gut gehen, und das Betriebsklima verschlechterte sich durch die große Unruhe, die zusehends herrschte.

Thorsten wurde immer gereizter und trieb uns an, pro Stunde mindestens drei Erfolge zu generieren. Dass er gerne den Wichtigtuer raushängen ließ, war längst schon kein Geheimnis mehr. Eines Tages tönte er unvermittelt: „Hallo, Agents! Ab sofort muss auch samstags telefoniert werden, und zwar von 10:00 Uhr bis 18:00 Uhr." Ein Aufschrei ging durch das Callcenter. Unsere Einwände, dass samstags die meisten Angerufenen nicht gestört werden möchten, ignorierte er. Wenn mich samstagmorgens um 10:00 Uhr so ein nerviges Callcenter anruft, bekomme ich einen Schreikrampf und lege sofort auf. Noch schlimmer kommt es, wenn ich noch im Tiefschlaf bin. Dann geht der Gaul mit mir durch. Dass der arme Mensch nur seinen Job macht, dafür hat mein Schlaf nicht das geringste Verständnis. Thorsten ließen solche Einwände kalt. Mit süffisantem Grinsen im Gesicht stürmte er aus der Tür. Nach einer kurzen Diskussion unter den Kollegen nahm jeder wieder seinen Platz ein.

Dann wäre da noch Detlev. Detlev mit dem IQ einer Kaffeebohne saß seine Zeit ab und freute sich auf das Ende seiner Tage hier. Die Arbeitslosenstatistik bekam dann wieder Zuwachs, und wir würden nach seinem Abgang alle drei Kreuze machen. Auch Ronnies Tage waren gezählt. Das Einzige, was er beherrschte, war sein Handy. Sobald Thorsten außer Reichweite war, fing er an, daran herumzuspielen.

Handys oder, um hier am Puls der Zeit zu bleiben, Smartphones sind längst zur Geißel der Menschheit geworden. Überall, ob auf dem Bahnsteig, beim Joggen oder beim Friseur, sieht man die Leute damit herumspielen. Ich habe den Eindruck, die Menschen haben sich nichts mehr zu sagen. In der Straßenbahn ist es am schlimmsten. Smartphones oder Handys, wohin das Auge reicht. Da überlege ich mir manchmal, wo das noch hinführen soll. Am schlimmsten finde ich die radelnden Smartphonenutzer, die, versteht sich, freihändig fuhren. Da sträubten sich mir die Nackenhaare. Unlängst konnte ich mich gerade noch rechtzeitig mit einem Sprung vor einem rücksichtslosen, ein Smartphone bedienenden Radfahrer retten. Bevor ich protestieren konnte, war er schon auf und davon.

Donata hatte gestern angefangen. Auf den ersten Blick wirkte sie wie aus der Zeit gefallen: von Kopf bis Fuß auf Hippie eingestellt. Mir fiel sofort Woodstock ein. In der Pause erzählte sie von ihrem bisherigen Leben. Ihr Mann hatte sie nach der Silberhochzeit sitzen lassen. Um den ihr zustehenden Unterhalt zu umgehen, hatte er sich ins Ausland abgesetzt. Jetzt musste sie sehen, wie sie über die Runden kam, und hoffte, dass sie im Callcenter eine Zukunft hatte. Ich bestärkte sie und dachte im Stillen, die Hoffnung stirbt zuletzt. Obwohl sie sich alle Mühe gab, bekam sie täglich die Peitsche. Thorsten hatte nicht die geringste Geduld mit ihr. Einmal stauchte er sie derart zusammen, dass sie plötzlich einen Heulkrampf bekam. Ich fragte mich, was den Affen wohl geritten hat.

Heute war der erste Samstag, an dem gearbeitet wurde, und einige Kollegen waren erst gar nicht erschienen. Ich gab mir alle Mühe, doch meistens sprach nur der Anrufbeantworter mit mir. Wenn ich dann doch einmal jemanden an die Strippe bekam, wurde ich beschimpft, oder es wurde sofort aufgelegt. Bei den anderen Agents lief es auch nicht besser. Nach Feierabend veranstalteten der hypernervöse Thorsten und der arrogante Chef ein Donnerwetter, dass wir ganz blass wurden. Die unsympathische Stimme des Letzteren klingt mir heute noch in den Ohren. „Was fällt Ihnen ein! Bei so einer laschen Einstellung kann ja nichts Gutes bei rumkommen. Sie kosten uns hier eine Menge Geld, und das bei solch einer mageren Ausbeute. So kann das nicht weitergehen." Mit seiner

Arroganz versuchte er uns einzuschüchtern, und meine Argumente, dass samstags nicht der beste Tag für Telefonmarketing sei, fegte er barsch vom Tisch. Auch mein Hinweis, dass Agents, die nur für ein paar Wochen telefonieren, für große Unruhe sorgen, interessierte ihn überhaupt nicht. Dafür hatte er mich von nun an auf dem Kieker, denn Widerspruch wurde in diesem Betrieb nicht geduldet. Thorsten führte ab jetzt genau Buch, wie ich telefonierte und wie lange die Pausen zwischen den Gesprächen sind, um dem Chef diesbezüglich Futter zu liefern. Ich gab mein Bestes, und manchmal lief es gut und an manchen Tagen einfach nur schlecht. Weihnachten stand vor der Tür, und Silke organisierte eine Weihnachtsfeier mit allem Drum und Dran. Das Abendessen wurde von einem Catering geliefert, und nach Glühwein und Weihnachtsgebäck kam Stimmung auf. Heidrun spielte Weihnachtslieder auf ihrer Gitarre und einige sangen dazu. Viel Spaß gab es beim Krabbelsack. Da wurden Erwachsene zu Kindern, und jeder war gespannt auf sein Päckchen. Ich bekam einen Porzellanengel, über den ich mich sehr freute. Der unsympathische Chef war zu vorgerückter Stunde betrunken. Jetzt galt es nur noch, die Flucht nach vorne anzutreten.

Nach ein paar Wochen mussten wir ein neues Projekt telefonieren: Fachliteratur für Facility-Manager. Ein Raunen ging durch das Callcenter. Was bitte schön sind Facility-Manager? Auch Thorsten, unser Oberschlaule, hatte keinen blassen Schimmer. Wozu war dieser Sklaventreiber überhaupt da? In der Schulung erfuhren wir dann, dass ein Facility-Manager nichts weiter als ein Hausmeister ist. Dass dieses Projekt zu meinen schwersten Telefonverkäufen gehören würde, ahnte ich sofort. Ich rief also bei der Firma XY an und verlangte nach deren Facility-Manager bzw. Hausmeister. „Wir haben keinen speziellen Hausmeister, das macht der Chef selber." „Kann ich den Chef sprechen?" „Worum geht es denn?" „Ich möchte eine Gratisausgabe einer Fachzeitschrift über Facility-Management anbieten." „Dann senden Sie uns doch eine kostenlose Ausgabe zu, aber vorher erklären Sie mir bitte einmal das Wort Facility-Manager? Wieso rufen Sie vorher an, wenn Sie kostenlos etwas anbieten möchten?" „Das sollte ich besser mit Ihrem Chef besprechen." „Er ist heute nicht da. Versuchen Sie es zu einem späteren Zeitpunkt." Mit dem Satz „Dann werde ich in den nächsten Tagen noch einmal anrufen" beendete ich das Gespräch und wünschte noch einen schönen Tag. Beim nächsten Anruf dasselbe Prozedere. Die Sekretärin war etwas angefressen: „Der Hausmeister ist zurzeit mit der Wartung der Heizung beschäftigt und möchte nicht gestört werden." Der dritte Anruf war dann insofern von Erfolg gekrönt, als ich den Facility-Manager bzw. Hausmeister zumindest an den Apparat bekam. Der Mann wusste allerdings überhaupt nicht, was ihm eine Fachzeitschrift bringen soll. Und den Begriff „Facility-Manager" hatte er bis dato noch nicht gehört. Er erklärte mir, dass er so etwas bisher nicht gebraucht habe und auch künftig auch nicht brauchen werde. Fürs Wechseln einer Glühbirne oder die

Wartung der Heizung brauche er keine Anleitung, das kriege er auch ohne Zeitschrift hin. So ging das fast den ganzen Tag. Um mich herum war ein Schimpfen und Fluchen. Überall dieselbe Reaktion am anderen Ende der Leitung. Thorstens „Tschaka, Tschaka!" nahm niemand mehr zur Kenntnis, und das brachte ihn immer mehr in Rage. Krebsrot im Gesicht rannte er von einer zur anderen Ecke und brüllte: „Wir brauchen Erfolge, sonst sind wir bald unsere Jobs los!" Die Erkenntnis, dass sich so etwas nicht erzwingen lässt, gab sein Spatzenhirn nicht her. Plötzlich kam der Chef herein und ordnete an, dass Thorsten mittelefonieren sollte. Das war für alle eine Genugtuung. Diese Peinlichkeit von Mann durfte ab jetzt am eigenen Leib verspüren, was es hieß, Facility-Management-Fachliteratur an den Mann zu bringen. Die Schadenfreude der Agents konnte man förmlich spüren. Wir spitzten alle unsere Ohren, und siehe da, auch Thorsten erzielte keinen einzigen Erfolg. Das tat unseren geschundenen Seelen gut.

Nach ein paar Wochen wurde dieses unsinnige Projekt eingestampft. Die Gehaltsabrechnungen hatten auch hier nie gestimmt, und ständig hatten wir reklamieren müssen. Nachdem wieder einmal zu wenig Lohn bezahlt worden war, bat ich um ein Gespräch bei der Geschäftsleitung. Ich nahm meinen ganzen Mut zusammen und machte dem Chef klar, dass er sich an den Arbeitsvertrag halten müsse und nicht einfach hundert Euro vom Lohn einbehalten könne. Herr Malow versuchte das Ganze schönzureden, und gab die Schuld seinem Steuerberater. Ich riet ihm, er solle doch den Steuerberater wechseln, wenn dieser nichts taugt. Steuerberater gebe es wie Sand am Meer. Das war anscheinend zu viel des Guten, denn bald darauf wurde mir gekündigt. Ich war erleichtert und froh, dass mir diese Entscheidung abgenommen wurde.

Über eine Freundin erfuhr ich von einem Callcenter, das zwanzig Kilometer von meinem Wohnort entfernt lag. Egal, ich rief dort an und wurde auch diesmal sofort zu einem Vorstellungsgespräch eingeladen. Am nächsten Tag fuhr ich hin. Ein Hinterhof war das Erste, was ich sah. Oh, mein Gott. Das erinnerte mich stark an ein in die Jahre gekommenes Fabrikgebäude. Ich sagte mir, es kann nur noch besser werden.

Die Chefin war sehr attraktiv und gestylt von Kopf bis Fuß.

Nachdem wir meinen Lebenslauf durchgegangen waren und sie erstaunt war, wie viel Telefonmarketing-Erfahrung ich mitbrachte, führte sie mich durch das Callcenter. Es war ein lichtdurchfluteter Raum mit vielen Telefoninseln.

Zum Schluss fragte sie mich, ob ich mir vorstellen könnte, hier zu arbeiten. Ich antwortete, dass ich darüber schlafen müsse und ich mich auf jeden Fall melden würde. Am nächsten Tag rief ich an und sagte zu, da ich auf keinen Fall arbeitslos sein wollte. Somit hatte sich das Callcenteragent-Gen wieder einmal durchgesetzt.

… und weiter geht es mit Callcenter

Nummer vier

Die ersten Tage waren reine Schulungstage mit jeder Menge Rollenspielen. Es wurden Kinderbücher und Zeitschriften für Jungmamis und Kleinkinder angeboten. Arno, unser Teamleiter, erklärte uns nicht nur einmal, dass sich die Produkte wie warme Semmeln verkaufen würden. Nachdem ich an einer Telefoninsel mit drei Leuten meinen Platz fand, fing ich an, Neumamis anzurufen, um als Erstes zum neugeborenen Erdenbürger zu gratulieren. Das machte Eindruck, und der Einstieg war geschafft. Bevor ich auf den Punkt kam, durfte die Jungmami noch unter zwei Geschenken wählen. Und tatsächlich, der Begeisterung waren keine Grenzen gesetzt. Jetzt galt es nur noch, den Sack zuzumachen und eine Babyzeitschrift zu verkaufen. Die ersten zwei Ausgaben waren gratis, und danach hatte man eine Woche Zeit, sich für oder gegen einen Jahresbezug zu entscheiden. Bis zu diesem Punkt hatte ich bei der noch mit Glückshormonen vollgepumpten Jungmami leichtes Spiel. Nachdem alles geklärt war, mussten nur noch die Bankdaten abgefragt werden. Und hier kippte das Verkaufsgespräch. Jungmami erklärte plötzlich in schroffem Ton, dass man ein Geschenk nicht an ein Abo koppeln dürfe und sie ihre Bankdaten nicht preisgebe. Arno, der die ganze Zeit um mich herumschlich, damit ihm ja nichts entging, fuchtelte mit den Armen und lief krebsrot an.

Er bekam einen Wutanfall über meinen Misserfolg und schrie mich so laut an, dass alle es hören konnten. So ging das den ganzen Tag. Er fand immer wieder ein Opfer, an dem er sich ergötzen konnte. So verging die Zeit, und ich versuchte trotzdem mein Bestes.

Heute war wieder so ein Tag, an dem nichts gelang, und Arno, dieses sadistische Aas, ließ mal wieder den Wichtigtuer raushängen und spielte sich auf, als ob die Firma ihm gehöre. Als ich nach zwei Tagen noch keinen einzigen Erfolg gemacht hatte, musste ich bei der Chefin vorsprechen. Sie gab mir unmissverständlich zu verstehen, dass ein Abo pro Stunde Pflicht sei. Natürlich stehe man am Anfang noch unter Welpenschutz, aber dann müsse es nur so krachen. Ich fragte mich manchmal, ob diese arrogante Chefin ihr Köpfchen nur zum Herumspazieren besaß und ob sie überhaupt ein Herz hatte. Mitmenschlichkeit und innere Werte suchte man bei ihr vergebens.

Mit der Zeit wurde auch hier täglich die Peitsche rausgeholt. Es folgten Briefings, die meistens an Samstagen stattfanden. Der erste positive Eindruck des Callcenters hatte sich leider als Mogelpackung erwiesen. Frau Chefin stolzierte täglich wie eine Schickimicki-Lady durch den großen Saal. Madeleine neben mir klagte über Bauchschmerzen und Krämpfe. Ich gab ihr eine Schmerztablette, und schon war Herr Sklaventreiber zur Stelle. „Keine Privatgespräche, meine

Damen!" Bevor sich Madeleine erklären konnte, hatte er sie auch schon zusammengefaltet. Der Typ war der geborene Choleriker. Anspannung und Unzufriedenheit gehörten zur Tagesordnung. Als sehr belastend empfand ich das Wissen, dass Gespräche aufgezeichnet wurden – und das, obwohl der Gesetzgeber vor einiger Zeit das Mitschneiden von Telefonaten verboten hat. Es war schlicht und ergreifend strafbar, nur störte das die Callcenter-Betreiber überhaupt nicht.

Eines Tages stellte sich eine sehr übergewichtige Frau vor. Meine Kollegin, zart wie eine Elfe, rollte mit den Augen und vergaß beinahe zu atmen. Auch ich erschrak über so viel Übergewicht. Dagegen fühlte ich mich richtig schlank. Doch Erna hatte durch ihr liebenswertes Wesen mit der Zeit Freunde gefunden, und somit war ihre unförmige Figur für die meisten kein Thema mehr. Ihr mütterliches Wesen wirkte sich positiv auf ihre Arbeit aus. Sie machte viele Abschlüsse, und in ihrer Nähe fühlte man sich wohl.

Eines Tages bekamen wir eine neue Teamleiterin, Frau Ballert, die auch gleichzeitig die Vertretung der Geschäftsleitung war.

Am Anfang setzte sie ein falsches Lächeln auf, dem bald ihr wahres Gesicht folgte.

Es verging kaum ein Tag, an dem sie nicht die Peitsche rausholte. Mit ihrem kalten Blick und ihrer knallharten Methode, uns Agents einzuschüchtern, war der Job der reinste Horror. Ich bekam fast täglich Kreislaufprobleme und kam nur mit starken Medikamenten über den Tag. Meine Kollegin Jana war mal wieder mit ihren Nerven am Ende. Mit Tränen in den Augen flüsterte sie mir zu, heute noch keinen Abschluss gemacht zu haben, und dies eine Stunde vor Feierabend. Ihre Nerven lagen blank.

Erna, unsere Callmutter, erzielte viele Erfolge, und da blieb Neid nicht aus. Es kann der Beste nicht in Frieden leben, wenn es dem bösen Nachbarn nicht gefällt. Es kam, wie es kommen musste. Man hat dermaßen gegen sie intrigiert, dass sie krank wurde.

Als sie wieder zur Arbeit kam, wurde sie gleich zum Rapport gerufen. Frau Chefin und Frau Ballert machten sie so fertig, dass sie heulend an ihren Platz zurückkam.

Nach einiger Zeit hat man ihr gekündigt, mit der Begründung, sie würde dermaßen transpirieren, dass man es im ganzen Callcenter riechen könne. Das liege an ihrem extrem hohen Übergewicht, lautete die gemeine Begründung. Dabei habe ich einige Wochen neben ihr gesessen und diesbezüglich nie etwas bemerkt. . Ich versuchte noch, mich für sie starkzumachen, aber es nützte alles nichts. Sie hinterließ eine große Lücke. Ein für mich wertvoller Mensch mit einem großen Herzen war diesen eiskalten Machenschaften zum Opfer gefallen. Menschlichkeit musste man auch in diesem Betrieb mit der Lupe suchen. Noch heute erinnere ich mich gerne an diese liebenswerte Frau mit ihrer warmherzigen, mütterlichen Stimme, die trotz anfänglicher Ablehnung doch noch akzeptiert wurde.

In dieser kalten Welt haben menschliche Werte wie Mitgefühl leider keine Lobby.

Als sich Frau Ballert in den Urlaub verabschiedete, holte Arno vermehrt die Verbalpeitsche raus und spielte sich auf, als wäre er der Chef der Firma. Schrecklich! Es war ein Kommen und Gehen, und an manchen Tagen stellten sich gleich drei Leute vor.

Frau Chefin bat uns zur Besprechung. Stein des Anstoßes waren wieder einmal die fehlenden Bankdaten von Kunden. Unsere Einwände halfen nichts. Ohne Bankverbindung seien alle Erfolge nichts wert, erklärte sie uns in spitzem Ton. Ich verstand nicht, warum ein Kunde seine Bankdaten preisgeben muss, wenn er zwei Gratisausgaben einer Zeitschrift bekommt. Die Chefin schnauzte mich an, ich müsse dies akzeptieren, ansonsten werde es Konsequenzen haben.

Auch in diesem Callcenter wurde nach demselben Strickmuster gearbeitet wie bei allen bisherigen. Viele Agents wurden von Zeitarbeitsfirmen vermittelt, die sie ebenfalls schikanierten. Dorothea litt sehr darunter. Immer freitags nach der Arbeit musste sie von der Geschäftsleitung des Callcenters ihren Wochenplan unterzeichnen lassen und ihn noch am selben Tag der Zeitarbeitsfirma zukommen lassen. Wenn sie Pech hatte, war das Büro nicht mehr besetzt, und sie bekam ein Problem. So wie Dorothea erging es vielen Agents. Denn im Grunde genommen hatten sie zwei Arbeitgeber. Einmal die Zeitarbeitsfirma, die einen Großteil des Lohnes einbehielt, und dann noch das Callcenter. Und wenn sie Pech hatten, wurden sie wöchentlich ausgetauscht. Diese Leute taten mir leid. Dass solche Arbeitsbedingungen Stress auslösen, versteht sich wohl von selbst.

Trotz aller Widrigkeiten versuchte ich mein Bestes. Es wurde unter den Agents viel schmutzige Wäsche gewaschen, und manche Kolleginnen versuchten sich bei Arno einzuschleimen. Sicherlich nicht, weil er ein toller Hecht war, sondern ausschließlich, um sich eigene Vorteile zu erstreiten. Damit sank das Arbeitsklima noch weiter herab.

Heute war mal wieder so ein Tag, an dem einfach nichts gelingen wollte. Arno tänzelte ständig um mich herum, und plötzlich spielten mir meine Nerven einen Streich. Ich bekam einen Weinkrampf, rannte zur Toilette und heulte mich erst einmal aus. Plötzlich stand Arno hinter mir und schrie mich an, was mir einfalle, während der Arbeit herumzuplärren. Dieser Typ machte noch nicht einmal vor einer Damentoilette halt. Am liebsten hätte ich ihn am Kragen gepackt. „Wir sind doch hier nicht im Kindergarten", rief er schnippisch. „Gehen Sie sofort an Ihren Platz und generieren Erfolge." Nach Feierabend musste ich bei der Chefin vorsprechen. Sie faltete mich zusammen, und ich bekam meine zweite Abmahnung. Auf der Heimfahrt reifte in mir der Gedanke, dieses schreckliche Callcenter so bald wie möglich zu verlassen. Nachdem ich eine Nacht darüber geschlafen hatte, erklärte ich den Herrschaften, dass ich zum nächstmöglichen Termin kündigen würde. Dann wendete sich das Blatt.

Frau Chefin versuchte das Ganze schönzureden und erklärte in einem gekünstelten Ton, ich solle alles noch mal überdenken, zumal in der nächsten Zeit ein neues Projekt anstehe und sie dazu händeringend erfahrene

Agents benötige. Aber ich hatte einfach kein Vertrauen mehr zu diesem Callcenter, und somit gab es für mich kein Zurück mehr. Zum Abschluss machte Frau Chefin dann noch auf unverschämte Weise eine Kollegin vor versammelter Mannschaft schlecht. Sie warf Inge vor, sie trinke auf der Arbeit Alkohol. Immer wenn sie von der Toilette kam, finde man dort kleine Schnapsflaschen. Von da an wurde mir klar, dass ich so schnell wie möglich die Flucht nach vorne antreten musste.

Meine Kündigung machte ich nicht mehr rückgängig und war froh, diesem Callcenter ebenfalls den Rücken gekehrt zu haben.

Ich nahm mir vor, beim nächsten Mal noch besser hinter die Kulissen zu schauen, den Arbeitsvertrag sehr genau zu studieren und nur zu unterschreiben, wenn Pipimachen nicht vom Lohn abgezogen wurde.

Im Internet fand ich eine weitere Stelle als Callcenteragent.

Ich nahm mit der Firma Kontakt auf und wurde auch dieses Mal umgehend zu einem Vorstellungsgespräch eingeladen.

Es gab zwei große Telefonräume und einen kleinen mit vier Telefonplätzen. Nachdem ich mit der Geschäftsleitung einig wurde, nahm ich meine neue Tätigkeit als Agent auf.

… und weiter geht es mit Callcenter

Nummer fünf

An meinem neuen Arbeitsplatz wurden unter anderem Privatkunden angerufen, denen man zwei Gratisausgaben eines hochwertigen Sportmagazins anbot. Natürlich auch hier mit dem Hintergedanken, dass der Kunde die Rückmeldung vergaß und das Ganze in einen Jahresbezug überging. Die ersten Tage liefen so weit ganz gut. Bastian, der neben mir saß, erzielte einen Erfolg nach dem anderen. Das hat mich angespornt und motiviert. Obwohl er mein Sohn hätte sein können, haben wir uns von Anfang an sehr gut verstanden. Er nannte mich seine Callmama, und für mich war er mein Callkind. Wir legten unsere Pausen immer zusammen und lachten viel miteinander. Zu jener Zeit sog ich jede positive Stimmung wie einen Schwamm in mich auf. Nach einer familiär schweren Zeit war ich froh, dass es wieder bergauf ging. Schon morgens begrüßte mich Bastian freudestrahlend. Da ich in den PC-Programmen noch nicht so fit war, half er, wo er nur konnte. Wenn ich mal wieder nicht weiterkam, hat er das sofort registriert.

Nach einigen Wochen wurde umstrukturiert, und Bastian und ich wurden in den ganz großen Raum um- und dort auch auseinandergesetzt. Mit der Zeit wurde mir klar, was in dem Betrieb gespielt wird. Tagtäglich mussten Agents zum Rapport antreten. Damit das auch jeder mitbekam, lief der betreffende Name wie auf einem Ticker in großen Buchstaben über den Bildschirm. So etwas kannte ich vorher noch nicht. Plötzlich erschien mein Name.

„Frau Gärtner bitte sofort zur Geschäftsleitung kommen"

Ich lief rot an, denn jeder konnte es auf seinem Bildschirm lesen. Ich musste mich ausklinken, das heißt, meine Arbeitszeit wurde angehalten. Als ich hochkam, standen Chefin und Teamleiterin bereits an der Tür. Sie machten mich rund und verboten mir, auf der Arbeit private Freundschaften zu pflegen. So etwas werde in diesem Hause nicht gerne gesehen. Damit war natürlich mein freundschaftliches Verhältnis zu Bastian gemeint. Die Erfolge könnten besser sein, und es werde künftig stichprobenartig in Gespräche reingehört. Ich war zunächst sprachlos, und als ich mich wieder gefangen hatte, war ich auch schon wieder draußen. Beschämt setzte ich mich an meinen Platz und schaute weder nach rechts noch links. Ach, was war das peinlich!

Ein paar Tages später mussten alle zur Besprechung bei Herrn Feuermacher antanzen. Es heißt, wir würden auf ein neues Projekt gebrieft.

Der smarte Herr Feuermacher spielte sich auf wie ein Clown. Irgendwie musste er ja schließlich seine hundertachtundfünfzig Zentimeter Körpergröße ausgleichen. Typisch Short-Man-Syndrom.

Bei der Präsentation seines „neuen Babys" hüpfte er wie ein aufgeblasener Gockel hin und her. „Meine Herrschaften, wir bekommen ein neues Projekt, da muss jeder hundertzehn Prozent geben. Das bringt der Firma richtig fette Kohle.

Es geht um eine kostenpflichtige Inbound-Hotline. Die Leute rufen hier an und lassen sich für das große Hundertfünfzigtausend-Euro-Gewinnspiel registrieren. Sinn und Zweck ist in erster Linie der Verkauf einer oder mehrerer Zeitschriften. In der Euphorie über einen möglichen Gewinn lassen sie sich problemlos und ohne Schwierigkeiten überreden.

Da es sich um eine gebührenpflichtige Hotline handelt, muss versucht werden, den Anrufer oder die Anruferin so lange wie möglich an der Strippe zu halten."

Nachdem alle wieder an ihre Telefonplätze gegangen waren, war reges Diskutieren angesagt. Sofort war der „Schießhund" zur Stelle. „Meine Herrschaften, bitte in den Pausen diskutieren und jetzt wieder an die Arbeit und wählen, wählen, wählen."

Der neuen Aktion sah ich mit Skepsis entgegen. Bastian war meiner Meinung. Da wurde versucht, die Ärmsten in unserer Gesellschaft über den Tisch zu ziehen. Und genau so kam es auch. Sehr viele Gewinnspiel-Teilnehmer waren Hartz-IV-Empfänger und der Anruf in der Hoffnung auf einen Gewinn ihr letzter Griff nach dem Strohhalm. Heute hatte ich schon den dritten schwer kranken Anrufer am Apparat. Frau

Müller erzählte mir, dass sie und ihr Mann an Krebs erkrankt seien und sich die teuren Medikamente nicht leisten könnten. Sie hofften nun auf den großen Gewinn. Ein solches Schicksal ließ mich nicht kalt. Wie sollte ich so jemanden noch ein Zeitschriftenabo aufs Auge drücken? Ich brachte es einfach nicht übers Herz. Am nächsten Morgen musste ich bei der ungepflegten Teamleiterin vorsprechen. Sie wies mich zurecht, und meine Argumente, dass ich Hartz-IV-Empfängern keine Zeitschrift andrehen könne, spielte sie kalt herunter und erklärte mir, dass Mitleid und Gefühle hier fehl am Platze seien. Ich bekam eine Abmahnung und wurde genötigt, mindestens zehn Zeitschriften-Abos täglich zu verkaufen, egal wie.

Im Callcenter herrschte eine fürchterliche Atmosphäre. Die Telefonplätze waren mit schwarzen Wänden verkleidet, und ich fühlte mich wie in einem Starenkasten. Viel zu viele Leute auf zu engem Raum, und die Luft war zum Schneiden. Wenn fünfundzwanzig Agents zur selben Zeit telefonierten, brach schlicht und ergreifend das Chaos aus. Cordula aus der hinteren Reihe übertönte mit ihrer extrem lauten Stimme alle anderen. Ich sehnte die Pause herbei. Bastian wartete bereits auf mich.

Er verstand es, mich immer wieder aufzuheitern. Im Callcenter war er äußerst beliebt. Auch die Geschäftsleitung schätzte sein sonniges Wesen und, nicht zu vergessen, seine vielen Erfolge. In den Pausen lachten wir viel, und nur so ließ sich der Höllenjob etwas leichter ertragen. Gerlinde, die falsche Schlange, beobachtete uns mit Argusaugen. Sie war die Spionin der Geschäftsleitung. Plötzlich versuchte sie, sich bei Bastian einzuschleimen. Er erteilte ihr jedoch eine Abfuhr, und dann war die Pause auch schon wieder vorbei und es hieß wieder wählen, wählen, wählen.

Nach einer stressigen Woche fühlte ich mich gesundheitlich angeschlagen. Nachdem ich den Tag so einigermaßen überstand, bekam ich Schüttelfrost, und meine Temperatur stieg am späten Abend auf über vierzig Grad an. Nachdem ich mich immer schlechter fühlte, rief meine Tochter den Notarzt an, der auch schnell zur Stelle war. Er diagnostizierte eine schwere Grippe und schrieb mich eine Woche krank.

Am nächsten Morgen rief ich bei der Firma an. Die Chefin war sehr schnippisch. Nicht einmal gute Besserung wünschte sie mir. So kalt und herzlos ist das Klima in Callcentern. Da jeder Agent nur eine Nummer ist, kann man vermutlich auch nichts Menschliches erwarten.

Als ich nach einer Woche wieder zur Arbeit kam, musste ich sofort bei der Geschäftsleitung vorsprechen. „Wir können es uns nicht leisten, wenn unsere Agents krank sind. Künftig wird ab der zweiten Krankheitswoche das Gehalt gekürzt. Dann müssen Sie sich die Differenz eben beim Amt holen." Ich war fix und fertig. Mein Einwand, dass man fürs Kranksein nichts könne, ignorierte Frau Chefin. „Jetzt gehen Sie wieder an Ihren Platz" – sie meinte wohl zum Starenkasten –, „und lassen es so richtig krachen, verstanden?"

Ständig wurde den Agents um die Ohren gehauen, dass es der Firma schlecht ging, aber die Nobelkarossen der Callcenterbetreiber verrieten etwas anderes. Dafür schien die Kohle zu reichen. Und wir Agents, die dafür so einen Horrorjob machten, wurden mit einem Hungerlohn abgespeist.

Täglich kam Herr Cherny und fuchtelte mit den Händen herum. Daumen nach unten bedeutete „zu wenig Erfolg". Daumen nach oben hieß „strengt euch an, meine Herrschaften". Mit der Zeit durchschaute ich die Machenschaften. Fortwährend wechselte das Personal, und einige waren ständig auf Droge: Psychopharmaka. Kevin kam in der letzten Zeit ständig zu spät.

Als ihn Frau Teamleiterin beim Biertrinken erwischte, wurde er auf der Stelle gefeuert und wir zu einer Besprechung beordert. Ein riesiges Donnerwetter prasselte auf uns nieder. Frau Chefin, die Teamleiterin und Herr Cherny schrien uns abwechselnd an. „Aufgrund der vielen privaten Gespräche unter den Agents sehen wir uns gezwungen, ab sofort Kameras im großen Callcenter zu installieren, damit das Gequatsche untereinander aufhört. Dazu sind die Pausen da. Und Toilettengänge während der Arbeitszeit bleiben auch weiterhin eine Ausnahme. Auch dazu sind die Pausen da."

Mit gesenkten Häuptern gingen wir wieder an unsere Starenkästen.

Bastian hatte in seiner Familie einen Todesfall und wurde für die nächste Zeit freigestellt. Dies bedauerte ich sehr, denn wir waren ein eingeschweißtes Team. Zwischenzeitlich freundete ich mich auch mit Karin an, und wir verbrachten zusammen unsere Pausen. Auch sie hatte ein schweres Schicksal und war auf diesen Höllenjob angewiesen. Ihre Mutter war an Demenz erkrankt und brauchte rund um die Uhr Pflege, die sehr kostenaufwendig war.

An manchen Tagen ging sie mit einer Nullrunde nach Hause und bekam dann am nächsten Tag die ganze Härte des Jobs zu spüren.

So erging es den meisten hier. Ich hatte noch nie einen glücklich wirkenden Agent gesehen. Der ständige Druck ließ alle ernst und angegriffen aussehen. Und immer wieder die gleiche Frage: Wie viele Erfolge hattest du heute schon? Neid war da natürlich bei manchen an der Tagesordnung, und einigen sah man schon von Weitem an, dass es mit ihrer Intelligenz nicht weit her war.

Da der Druck auf uns Agents immer mehr zunahm und mir die Kameraüberwachung zusehends Angst machte, entschloss ich mich, mir eine andere Arbeitsstelle zu suchen.

Bald darauf las ich in der Zeitung:

> **Telefonistin für**
> **Kommunikationsbüro gesucht**

Da mein alter klappriger VW Golf schon über zweihunderttausend Kilometer auf dem Buckel hatte, fand ich die Anzeige schon wegen der Nähe zu meinem Wohnort interessant.

Ich bewarb mich und bekam auch umgehend ein Schreiben zu einem Vorstellungsgespräch. Ich stellte mich vor und fand zuerst keine Worte mehr. Die Chefin, Frau Kobalt, war super gestylt und sehr freundlich und erinnerte mich mit ihrer schwarzen Bobfrisur an Kleopatra.

Die Räume glichen eher einem Atelier der Künste als einem Büro.

Die Wände zierten traumhaft schöne Bilder, und die Böden waren mit edlem Parkett ausgelegt. Dass dies alles nur Fassade war, habe ich später zur Genüge erfahren. Ich fragte mich, wo bitte schön soll denn hier telefoniert werden. Nachdem ich mich wieder gefangen hatte, erklärte mir Frau Kobalt, dass es sich nicht um ein Callcenter im herkömmlichen Sinne handele, sondern um ein Kommunikationsbüro. Darauf lege man hier den allergrößten Wert. Wie ich mit größtem Erstaunen feststellte, glichen ihre Mitarbeiterinnen eher Magermodels, und ich fragte mich, warum die Frauen hier alle so dünn waren? Bevor sie mir die Telefonräume zeigte – sie vermied das Wort Callcenter –, gingen wir noch vertragliche Punkte wie Gehalt, Arbeitszeit und Urlaub durch. Es fiel mir nichts Unregelmäßiges auf, auch Pipimachen wurde bezahlt.

Nachdem Frau Kobalt mir alles gezeigt hatte, verabschiedete ich mich mit den Worten, mir das Ganze durch den Kopf gehen zu lassen und mich auf jeden Fall zu melden; egal, wie meine Entscheidung ausfalle.

Aufgrund des positiven Eindrucks von dem noblen Kommunikationscenter schrieb ich für meine alte Stelle eine Kündigung und gab sie umgehend bei der Personalabteilung ab. Plötzlich bot man mir mehr Geld, wenn ich die Kündigung rückgängig mache. Es kämen neue interessante Projekte, und da werde jeder Agent gebraucht. Herr Feuermacher verabschiedete mich mit den Worten: „Falls es Ihnen in Ihrer neuen Firma nicht gefällt, kommen Sie einfach wieder zu uns." Wow, so viel Bauchpinselei hatte ich bis dato nicht erlebt. Dass er mir noch um den Hals gefallen wäre, hätte gerade noch gefehlt.

Ich lehnte aber dankend ab und fing bei dem schicken Callcenter an. Dass dies mein letzter Job als Callcenteragent sein würde, wusste ich zu diesem Zeitpunkt allerdings noch nicht.

… und weiter geht es mit Callcenter

Nummer sechs

Heute war mein erster Tag beim Kommunikationscenter.

Mit den Worten „Wir freuen uns, Sie als neue Mitarbeiterin begrüßen zu dürfen" wurde ich Nadja, meiner für mich zuständigen Patin, übergeben. Mittels Rollenspielen, die mir natürlich nicht unbekannt waren, wurden fiktiv Termine für Außendienstmitarbeiter gemacht. Nadja war zuerst etwas ungeduldig mit mir, schrieb meine anfängliche Unsicherheit aber meiner Nervosität zu und bemerkte dann recht bald, dass ich sehr viel Erfahrung mitbrachte.

Außer mir hatten noch Jannis und Sarina angefangen. Jannis hatte sehr viel technisches Wissen, was die Software anging. In der ersten Zeit standen wir Neulinge unter Welpenschutz. Danach wurden die Karten neu gemischt. Die Teamleiterin mit ihren wallenden roten Haaren war eine Powerfrau mit portugiesischem Temperament. Am PC studierte sie den ganzen Tag die Statistik von jedem einzelnen Agent. Somit hatte sie den totalen Überblick und sah genau, wo jeder stand.

An manchen Tagen, besonders vormittags, telefonierten bis zu fünfzehn Leute in einem Raum. Ich begriff recht bald, dass auch hier, in diesem äußerlich feudalen, vornehmen Callcenter, nur mit Wasser gekocht wurde. Mit der Zeit erkennt man die Fallstricke, die hinterhältig gezogen werden. Frau Chefin lief jeden Tag lächelnd und top-gestylt – wie auf einem Catwalk – durch das Callcenter.

Die bewundernden Blicke sog sie förmlich auf. Alles Schale und Oberflächlichkeiten, denn die Realität sah leider anders aus. Wir Agents wurden angetrieben, viele Abschlüsse zu machen. Bei jedem Erfolg wurde geklatscht und das Ergebnis an der Pinnwand verewigt. Das Ganze hatte für mich etwas Merkwürdiges.

So weit, so gut. Die Monate vergingen, und ich wurde zu Peter gesetzt, einem PC-Freak erster Güte. Von seinem technischen Verständnis konnte ich profitieren. Er versuchte immer wieder, mir die Software verständlicher zu machen, und baute mich auf, wenn es mal wieder schlecht lief. Seine positive Ausstrahlung tat mir gut.

Dass sich das etwas andere Callcenter von den bisherigen abhob, merkte man zum Beispiel daran, dass vor Arbeitsbeginn die sogenannte Frühandacht stattfand. Dafür mussten alle pünktlich da sein. Anfangs dachte ich, dass Frau Kobalt ein paar fromme Verse aus der Bibel vorlas oder Ähnliches, aber dem war nicht so. Nach dem Psycho-Gelaber (oder sagen wir besser Gehirnwäsche) mussten wir einen Kreis bilden und uns an den Händen halten, Frau Chefin schwor uns auf einen erfolgreichen Tag ein, und mit einem lauten „Tschaka, Tschaka!" war das Prozedere vorbei. Diesen

Psychokram fand ich einfach lächerlich. Zum Schluss kamen dann noch ihre abgedroschenen Lieblingssätze wie „Meine Herrschaften, nicht vergessen, immer lächeln beim Telefonieren, denn euer Gegenüber spürt, ob ihr gut oder schlecht drauf seid. Und für alle, die es noch nicht wissen, das Glas ist halb voll und nicht halb leer. Nur ein positiv denkender Agent ist ein erfolgreicher Agent." Dabei schaute sie uns Neulinge süffisant lächelnd an.

Die Zeit verging, und es wurde immer schwerer, die Kunden am Telefon zu überzeugen. Zumal von uns Agents Fachwissen wie von einem IT-Spezialisten verlangt wurde. Oft scheiterte das Gespräch bereits an der Sekretärin des Ansprechpartners, und immer wieder lautete die Antwort: „Wir brauchen nichts, und wenn Sie etwas anzubieten haben, dann tun Sie das gefälligst schriftlich." Bevor ich noch etwas sagen konnte, war das Gespräch beendet. So ging das den ganzen Tag. Viele beschimpften mich und machten mir unmissverständlich klar, dass sie nicht mehr belästigt werden möchten und ich dies in den Unterlagen vermerken solle.

Unserer Teamleiterin entging nichts. Von ihrem Platz aus konnte sie genau verfolgen, wie viele Erfolge jeder erzielte. Wegen der durchgeführten Stichproben durch Reinhören in Kundengespräche fühlte ich mich überwacht und verunsichert. Auch hier wurden Gesetze übertreten, nämlich Gespräche aufgezeichnet, ohne dass man die Angerufenen vorher um ihre Erlaubnis fragte. Als ich die Teamleiterin darauf ansprach, antwortete sie nur, die Firma genieße hier

Sonderrechte, und im Übrigen müsse dies zur Qualitätssicherung sein. Dann ließ sie mich einfach stehen. Alles versuchte man schönzureden.

Peter erschien eines Tages nicht mehr zur Arbeit. Was aus ihm geworden war, erfuhr ich leider nie. Dies bedauerte ich sehr. Wenn jemand nach dem Grund seines Fehlens fragte, kam immer wieder dieselbe Antwort: Wir wissen nicht, warum er nicht mehr da ist. Die meisten Kollegen und Kolleginnen machten stupide ihren Job und verließen nach Feierabend fluchtartig das Callcenter. Nach dem Motto: nix wie weg. Viele Frauen arbeiteten als Teilzeitkräfte.

Am Ende des Jahres wurde Statistik gemacht, und am ersten Arbeitstag im neuen Jahr konnte jeder an der großen Pinnwand sehen, wo er stand. Die Statistik beinhaltete verschiedene Punkte, wie die tägliche Arbeitszeiterfassung sowie Buchungen bzw. Anmeldungen jedes einzelnen neuen Produktes. Fehlbuchungen waren da an der Tagesordnung, und über das Jahr verteilt summierte sich das Ganze. Mich und Georg traf es am schlechtesten, das heißt, Georg führte die Statistik als erster Sieger an, und ich war zweiter. Das Kuriose dabei war, dass die Sieger in Wirklichkeit die Verlierer waren. Ich empfand dies als Hohn und beschwerte mich bei der Geschäftsleitung schriftlich über die öffentliche Bloßstellung an der Pinnwand und auch darüber, dass man ohne Einwilligung Kundengespräche aufzeichnen musste, obwohl dies verboten war. Ab diesem Zeitpunkt war mir auch bewusst, dass ich solche Methoden mit meinem Gewissen nicht mehr länger vereinbaren konnte und unter diesen Umständen kein gutes Arbeiten mehr möglich war. Überhaupt hatte sich das anfänglich positive Erscheinungsbild dieses „Callcenters" leider sehr negativ entwickelt. So wurden Mitarbeiter bei Krankheit massiv unter Druck gesetzt, und man kürzte ihnen die Leistungszulage. Mit Oberflächlichkeiten wurde versucht, eine Fassade aufzubauen nach dem Motto: außen hui und innen pfui. Und immer schön lächeln, auch wenn es noch so unecht rüberkam. Mindestens einmal wöchentlich stand eine Besprechung an. Heute war es mal wieder so weit, und alle mussten bei Frau Kobalt antanzen. Sie empfing uns mit den Worten: „Es geht um eine Weltneuheit, und zwar um eine Software, die ganz aktuell auf dem deutschen Markt ist und sich im benachbarten Ausland bereits erfolgreich verkauft.

Hierzu bekommen wir Besuch vom Verlagsdirektor des Kaup-Verlages, Herrn Schuch.

Mittels Rollenspielen möchte sich Herr Schuch einen Überblick darüber verschaffen, ob Ihr Fachwissen für solch ein anspruchsvolles Projekt ausreicht. Bis dahin finden in den nächsten Tagen Briefings statt, in denen wir die Agents in Gruppen aufteilen. Also strengen Sie sich an, meine Herrschaften, damit wir uns nicht blamieren. Schließlich geht es auch um Ihren Arbeitsplatz. Und jetzt wieder ans Telefon und wählen, wählen, wählen." Mir fröstelte innerlich. Wie sollte man unter solch massivem Druck noch Erfolge zustande bringen? Dieser arrogante Verlagstyp war hier kein Unbekannter und hatte in der Vergangenheit schon einmal meine Nerven übermäßig strapaziert. Ich hasste Rollenspiele, denn mit einem echten, unbeobachteten Telefongespräch waren sie nicht vergleichbar. Aber das interessiert Frau Chefin einen feuchten Staub.

Hauptsache, es konnte wieder eine gewinnbringende Quelle angezapft werden. Und das auf Kosten der armen gegeißelten Agents, die man auch hier mit einem Hungerlohn abspeiste, während die Geschäftsleitung sich ständig die neuesten Luxusautos leistete und der aufgeblähte Wasserkopf zudem eine Menge Geld verschlang.

Heute war Tag X und Herr Schuch war im Anmarsch, im Schlepptau seine Assistentin und ein Mitarbeiter. Das heißt im Klartext, dass wir von drei Leuten auf Herz und Nieren geprüft wurden. Ich konnte die letzte Nacht vor lauter Aufregung kaum schlafen. Solche Rollenspielchen hasste ich wie der Teufel das Weihwasser. Um Eindruck zu machen, wurde seitens der Geschäftsleitung alles aufgefahren, was zu einem super Frühstück gehörte, angefangen mit lecker Schnittchen, frisch gepressten Säften usw. Frau Madau, die rechte Hand von Frau Kobalt, konnte nicht aufhören, Süßholz zu raspeln. Mit „Na, darf ich Ihnen noch etwas reichen, ein Glas frisch gepressten Orangensaft vielleicht, oder …" tänzelte sie ständig um Herrn Schuch herum. Igitt, wie anbiedernd und aufdringlich! Es war geradezu bühnenreif.

Nachdem die Herrschaften gestärkt waren, konnte das Szenario endlich beginnen.

Ich war als Vierte dran. Mein Kreislauf fuhr Achterbahn, und ich spürte ein Stechen im Magen.

Gundula hatte ähnliche Symptome. Wir sprachen uns gegenseitig Mut zu. Das kam allerdings eher wie Galgenhumor rüber. Dann war es so weit, und Herr Schuch rief mich an. Vorher hielt die Teamleiterin noch kurz meine Hand und sprach: „Tu, was du am meisten fürchtest, dann stirbt die Angst einen raschen Tod."

Dann klingelte mein Telefon. Mit „Schönen guten Tag, mein Name ist …" stellte ich mich vor. Herr Schuch kam schnell auf den Punkt und fragte mich Einzelheiten zur Software, die mir bis dato nicht bekannt waren und auf die ich schlicht und ergreifend keine Antwort wusste. Mein Gegenüber wurde langsam ungeduldig, und dann fingen meine Nerven an zu flattern und ich begann zu stottern. Schwups, war das Gespräch beendet. Der Teamleiterin entglitten in diesem Moment sämtliche Gesichtszüge. Jetzt musste ich hoch in die Höhle des Löwen. Ich zitterte am ganzen Körper. Der Blutdruck war bei gefühlten Hundertachtzig, und mein Puls schlug Kapriolen.

Alle schauten mich mit ernster Miene an. Frau Kobalt versuchte den Vorfall schönzureden und tröstete mich mit den Worten: „Das kann beim zweiten Versuch am Nachmittag nur noch besser werden." Herr Schuch gab mir unmissverständlich zu verstehen, dass er sich unter einem konstruktiven Verkaufsgespräch etwas anderes vorstellte.

In der Mittagspause versuchte ich wieder etwas herunterzukommen und mich abzulenken. Mein

Lebensgefährte sprach mir am Telefon Mut zu und konnte mich dadurch etwas beruhigen.

Aber es kam, wie es kommen musste: Auch das zweite Verkaufsgespräch ging in die Hose. Ich war total am Boden zerstört, und man schickte mich für den Rest des Tages nach Hause. Übrigens wurden die Fehlstunden bei der nächsten Gehaltsabrechnung abgezogen. Im Nachhinein bin ich davon überzeugt, dass Herr Schuch mich absichtlich ins offene Messer hatte laufen lassen. Seine kalten Augen sehe ich heute noch vor mir. Vielleicht war ich einfach nicht sein Typ. Ich habe weder blonde Haare noch blaue Augen, und von Modelmaßen bin ich weit entfernt. Und darauf stehen ja bekanntlich neunzig Prozent aller Männer.

Wie heißt es doch so schön: Männer können zwar gut sehen, aber beim Denken ist manchmal Nachbesserung nötig. Kurz darauf brach eine Grippewelle über die Firma herein, aber viele Agents blieben trotz Krankheit nicht zu Hause.

Perdita lag uns mit ihrem Hustengebell in den Ohren, dass wir fast unser eigenes Wort nicht mehr verstanden. Dass unter solchen Umständen kein vernünftiges Telefongespräch geführt werden konnte, sollte klar sein.

Wir sprachen sie darauf an, aber sie gab uns zu verstehen, dass sie es sich nicht leisten könne, zu Hause zu bleiben, da man ihr ansonsten die Leistungszulage kürze. Überall dieselben Machenschaften!

In der letzten Zeit litt ich sehr stark unter trockenen Augen, hervorgerufen durch acht Stunden täglich Bildschirmarbeit. Als es immer schlimmer wurde, vereinbarte ich einen Augenarzttermin. Der Arzt schrieb mich drei Tage krank, um die Augen zu entlasten.

Als ich danach wieder in die Firma kam, ließ man mich die Fehltage spüren, und die Teamleiterin beobachtete sehr genau, wie ich ein Verkaufsgespräch führte und wie viel Zeit ich dafür benötigte. Da reifte in mir der Gedanke, so bald wie möglich die Reißleine zu ziehen und den befristeten Arbeitsvertrag auslaufen zu lassen.

Mit meinem damaligen Lebensgefährten und jetzigen Ehemann besprach ich die unerträgliche Situation, und er riet mir zur Kündigung. Erstaunlicherweise versuchte man auch dort, mich zu halten. Nachdem der Druck immer stärker wurde, weil Telefongespräche immer häufiger mitgeschnitten wurden, entschloss ich mich, einer Verlängerung meines befristeten Arbeitsvertrages aus moralischen Gründen nicht zuzustimmen. Somit nahm ich in Kauf, mich kurzfristig arbeitslos melden zu müssen.

Noch im selben Jahr stellte ich meinen Rentenantrag und heiratete meine große Liebe Manfred.

Auch wenn ich den aufreibenden Job im Callcenter hinter mir ließ, machte mich eine Anzeige in der hiesigen Zeitung neugierig, die ich kurz darauf entdeckte:

> **Wir bilden Callcenteragents aus**

Da ich von Natur aus ein interessierter Mensch bin, nahm ich mit der Firma Kontakt auf und wurde – wie jedes Mal – sofort zu einem Vorstellungsgespräch eingeladen. Ohne Druck und völlig entspannt fuhr ich hin. Nachdem ich mich zweimal verfahren hatte, stand ich vor einem Betonklotz mit mindestens zehn Stockwerken. Nach längerem Suchen auf dem Klingelknopf wurde ich dann endlich fündig. Der Portier an der Pforte ließ mich erst rein, nachdem er sich bei besagter Firma rückversichert hat, dass ich erwartet würde. Dann ging es mit dem Fahrstuhl in den siebten Stock. Für mich war dies bei meiner Fahrstuhlphobie eine Mutprobe. Aber ich überlebte es, wenn auch mit Bauchgrummeln. Die Sekretärin erwartete mich bereits und führte mich ins Besprechungszimmer. Mit den Worten „Frau Liebig kommt gleich" verschwand sie. Nach circa zehn Minuten ging die Tür auf und Frau Chefin kam hereingeschwebt mit einem Dalmatiner im Schlepptau, reinrassig, versteht sich. Elfengleich, von kleiner Statur und mit pechschwarzem langem Haar begrüßte sie mich überfreundlich. Dann kam sie auf den Punkt und fragte verwundert, ob ich hier tatsächlich eine Ausbildung zum Callcenteragent beginnen möchte. Ich antwortete, dass ich auch an eine Teilzeitstelle gedacht hätte. Dann zeigte sie mir die Räumlichkeiten und ich war schockiert und sprachlos zugleich. In einem riesengroßen Raum waren über einhundert Agents untergebracht. Jeder hatte nicht mehr als maximal einen Meter Tisch zur Verfügung, der rechts und links durch eine schwarze Wand abgeschottet war. Das Ganze hatte etwas von Käfighaltung. Die Luft war zum Schneiden, und die Fenster waren geschlossen. Frau Liebig bemerkte mein Entsetzen und entschuldigte die stickige Luft damit, dass die Klimaanlage momentan defekt sei. Die Agents machten alle einen gestressten Eindruck. Bei solch einer Lärmkulisse waren die Arbeitsbedingungen eine einzige Katastrophe. Nach dem Rundgang hatte ich die Möglichkeit, in einzelne Gespräche reinzuhören, um mir einen ersten Eindruck zu verschaffen. In der Mittagspause kam ich mit ein paar Agents ins Gespräch und erfuhr dabei, wie ich bereits vermutete, dass viele der Frauen alleinerziehend waren. Die meisten machten auf mich einen unglücklichen Eindruck. Die unregelmäßigen Arbeitszeiten seien alles andere als familienfreundlich, und mit Kindern war eine Planung oft sehr schwierig, erzählten sie mir. Es wurde in zwei Schichten gearbeitet. Samstags bis 19:00 Uhr und wochentags bis 21:00 Uhr. Dass solche unmenschlichen Arbeitsbedingungen unter dieser irren Geräuschkulisse nicht förderlich für die Gesundheit sind, versteht sich von selbst. Die Leute taten mir einfach nur leid. Eine Frau erzählte mir, dass sie durch ihre Diabetes oft krank sei. Ihr wäre längst gekündigt worden, wenn sie nicht so gute Umsätze machte.

Frau Liebig kam nach der Mittagspause in die Kaffeeküche und erklärte mir, dass ich noch in einzelne Gespräche reinhören sollte, um auch die anderen Projekte kennenzulernen. Dass ich bereits ein alter Hase auf dem Gebiet des Telefonmarketings war, konnte ich sehr gut überspielen.

Als Erstes wurde ich Matthias zugeordnet, den ich aus einem früheren Callcenter kannte. Wir begrüßten uns kurz, und dann legte er auch schon los. Er rief Privatleute an, die zuvor einen Katalog mit Büchern und Gebrauchsgegenständen für den Haushalt sowie allerlei Nippes zugesandt bekommen hatten. Die meisten zeigten kein Interesse und meinten, sie würden sich bei Bedarf selbst melden. Auch hier wurde sehr viel Druck auf die Agents ausgeübt. Matthias klagte über Dauerkopfschmerz, den er nur mit Schmerztabletten einigermaßen lindern konnte. Bei so einer schlechten Luft war Krankheit vorprogrammiert.

Nachdem ich eine Weile zugehört hatte, kam Frau Liebig und erlöste mich von der Horror-Geräuschkulisse. Trotz meiner Kopfschmerzen spürte ich eine wahnsinnige Erleichterung darüber, dass das Ganze nur ein Spiel war. Mit den Worten, ich würde mir das Ganze überlegen, verabschiedete ich mich.

Auf der Heimfahrt wurde mir klar, wie froh und erleichtert ich darüber war, solch einem Höllenjob abgeschworen zu haben. In einem Café, bei lecker Sahnetorte und einem Cappuccino, ließ ich den Termin noch einmal Revue passieren und freute mich über mein Rentnerdasein.

Mein Fazit zur Arbeit im Callcenter fällt auf der ganzen Linie negativ aus.

1. Die Agents werden immer ausgebeutet, egal, ob in einem Designer-Callcenter oder einem heruntergekommen ehemaligen Fabrikgebäude.

2. Die Callcenterbetreiber wollen alle nur an das schnelle Geld, und dazu ist ihnen jedes Mittel recht. Und oftmals sind es verkrachte Existenzen ohne einen richtigen Beruf.

Callcenter wird es auch in Zukunft geben, auch wenn der Gesetzgeber den privaten Telefonverkäufen einen Riegel vorgeschoben hat. Die Callcenterbetreiber werden immer trickreicher, um die Gesetze zu umgehen. Zum Beispiel, indem sie Telefonmarketing vom benachbarten Ausland aus betreiben oder von Deutschland aus ins Ausland telefonieren lassen. Mit anderen Worten: Die Belästigungen hören nimmer auf.

Und was habe ich daraus gelernt:
Wenn mich mal wieder so ein armer Wicht anruft, versuche ich freundlich zu sein, denn die harten Jahre als Callcenteragent habe und werde ich auch in Zukunft nicht vergessen.